金星出版
命理生活新智慧・叢書
VENUS PUBLISHING CO.
U0084301

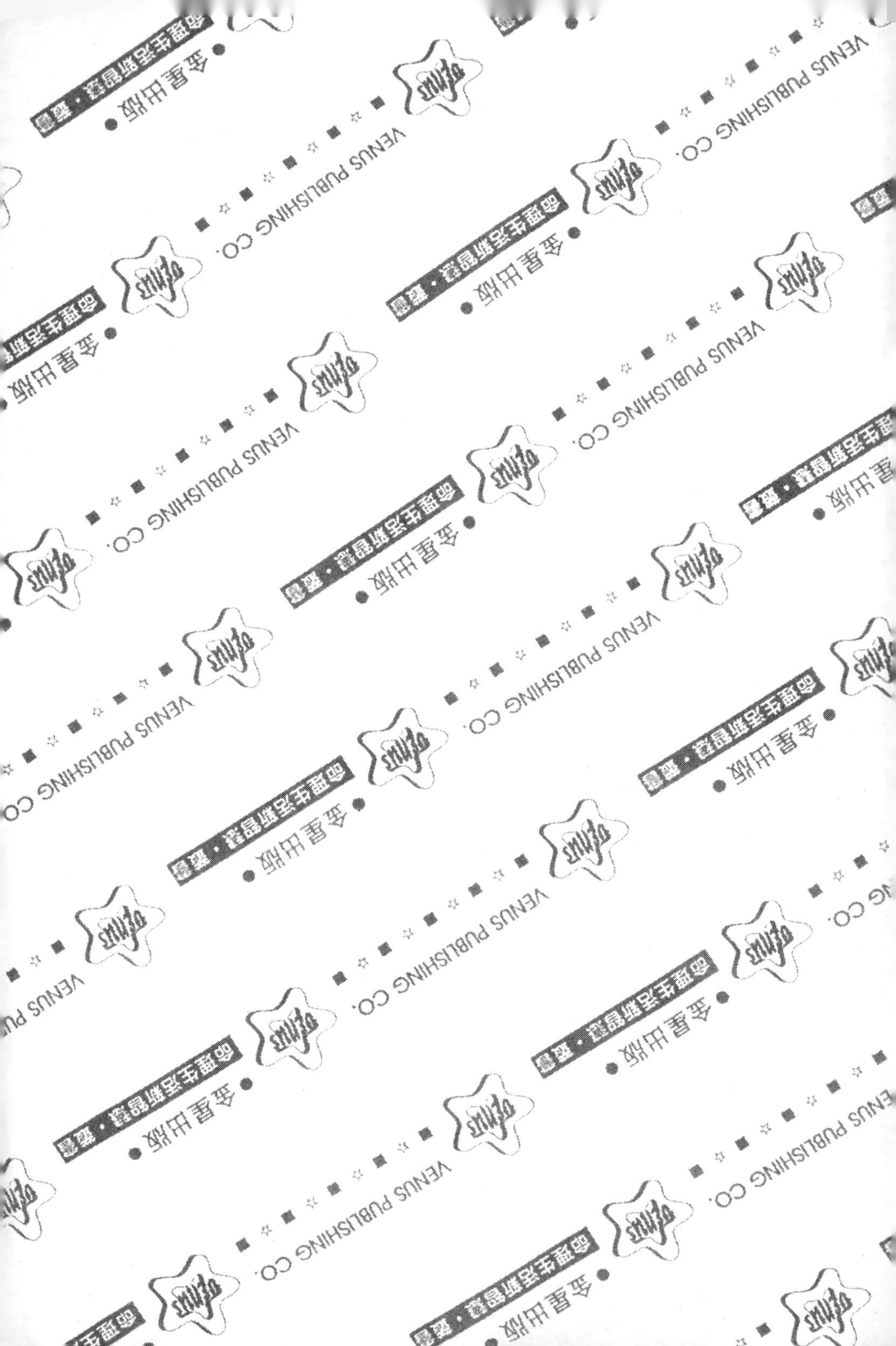

命理生活新智慧・叢書 85

使你升官發財的

『陽梁昌祿』格

金星出版社 http://www.venusco555.com
E-mail: venusco555@163.com
venusco@pchome.com.tw
法 雲 居 士 http://www.fayin777.com
E-mail: fayin777@163.com
fatevenus@yahoo.com.tw

法雲居士⊙著

國家圖書館出版品預行編目資料

使你升官發財的『陽梁昌祿』格
法雲居士著.，　.--臺北市：金星出版：
紅螞蟻總經銷，2010年06月　　冊；
公分—
（命理生活新智慧叢書；85）

ISBN 978-986-6441-20-2　　（平裝）

1.紫微斗數

293.11　　99008567

使你升官發財的『陽梁昌祿』格

作　　者：法雲居士
發 行 人：袁光明
社　　長：袁靜石
編　　輯：王璟琪
總 經 理：袁玉成
地　　址：台北市南京東路三段201號3樓
電　　話：886-2-25630620，886-2-23626655
傳　　真：886-2365-2425
郵政劃撥：18912942金星出版社帳戶
總 經 銷：紅螞蟻圖書有限公司
地　　址：台北市內湖區舊宗路二段121巷19號
電　　話：(02)27953656(代表號)
網　　址：http://www.venusco555.com
E-mail：venusco555@163.com
venusco@pchome.com.tw
法雲居士網址：http://www.fayin777.com
E-mail：fayin777@163.com
fatevenus@yahoo.com.tw

版　　次：2010年6月第1版 2018年11月 加印
登 記 證：行政院新聞局局版北市業字第653號
法律顧問：郭啟疆律師
定　　價：350元

行政院新聞局局版北字業字第 653 號
(本書遇有缺頁、破損倒裝請寄回更換)

ISBN：978-986-6441-20-2（平裝）

（因掛號郵資漲價，凡郵購五冊以上，九折優惠。本社負擔掛號寄書郵資。單冊及二、三、四冊郵購，恕無折扣，敬請諒察！）

序

在人的一生當中，『命理格局』和『時間點』都非常重要。『命理格局』是組成每個人的人生經歷的橫面架構，像房子的樑柱一般支撐起一棟廣大的豪宅巨闕，而形成人的豐功偉業與建樹。點點滴滴的時間點累積起人生歷史的長河，而形成整個人生及歷練。所以，若具有良好的命理架構，而人生短促的人，會如曇花一現或鳳毛麟角的在這個世界上留下短促及些微的鴻爪。若命理格局不佳，卻存活時間點很長很充足的人，就彷如虬松怪樹立在深山縱谷的地表上，既不為人所知，也只是無聲無息的存活而已。

『陽梁昌祿』格在中國命理學中是一個既富且貴的格局。同時也是幾千年來中國讀書人能得到地位與權力、財富的超級好格局與好運道。現今二十一世紀中，也有許多大老闆、大企業家、及總裁全都是具有『陽梁昌祿』格的人。『陽梁昌祿』格會使人步步高陞，步步走上人生事業成功的頂端，這是一點也不假的事實。例如像比爾蓋茲、巴菲特等人都具有『陽梁昌祿』格。台灣總統馬英九先生在其官祿宮中更具有完美的『陽梁昌祿』格。由此可知，

『陽梁昌祿』格會引導人朝向國際、世界級的政治、經濟的舞台發展，或引導人走向人類階級金字塔的頂端，這是一點也不假的事實。

每個人從小受教育開始，都想做人上人。父母、家庭與社會也賦與每個人要立志成就大功業的人生道德準則。而『陽梁昌祿』格就是這麼一個能令人輕鬆達成願望的格局。縱然如此，但是也有人雖擁有『陽梁昌祿』格，卻迴避它、或糟蹋它，或錯過它，以致一事無成的，也有其人。這就是『陽梁昌祿』格的不完美格局或被破格的影響所致了。

在這本《使你升官發財的『陽梁昌祿』格》一書中，不但會分析十二個命盤格式中、各種盤局的『陽梁昌祿』格，也會告訴你：如何利用『陽梁昌祿』格來使你的人生層次增高，達到富貴的階層。更會告訴你沒有『陽梁昌祿』格要怎麼辦？或是如何修補『陽梁昌祿』格，及將它改善到更完美境界，以便各位讀者早日幫自己立下壯志來成就大業。

法雲居士　謹識

命理生活叢書85

使你升官發財的『陽梁昌祿』格

目錄

▽使你升官發財的『陽梁昌祿』格

第一章 『陽梁昌祿』格的起源

自古以來，在封建制度下，徵才用賢，在秦時，就有博士的官位，必須通古今，以備帝王的諮詢。漢武帝建元元年開始選舉『賢良方正』的察舉制度。並崇儒學，黜百家，置五經博士。博士並可選弟子來教授他們學問，還設有一年一次的考試，成績好的最高可以做郎中的官職。有些博士所選的弟子有時可達上千名之多。這就是當時入官之途的補習班。

既然有察舉制度，又有考試測驗，自然會有入仕和雖入舉但未必舉得上，或做不長久，以及有很多考試等次低劣的人了。也既然有察舉和試舉，也就會有占卜察舉和試舉吉凶，會中及不會中的活動了。況且，中國自開天闢地以來，就對占卜很有心得，又況且入舉是關乎其人及家族生計之大事呢？

戰國時齊人鄒衍倡五行說，著五運。

早期的中國命理幾乎全是為帝王皇室服務，較少為平民百姓服務，大約在唐朝以前，大多以地理、葬經、占星曆算為主。唐宋五代及北宋初年有『五星學』盛行，陳摶(希夷先生)傳為紫微斗數的作者；其人也是五代十國後期及北宋初期時候的人。

從唐朝到北宋時期，中間經過了五代十國，近四百七十年間，歷經戰亂、生民塗炭，但命理學卻大有長進，在這段期間中五星學與四柱推命(八字學)與其他雜學，與紫微斗數的發明排列，幾乎可以說是一個接一個的變化精進起來，並且也就更貼向平民百姓的生活實用範圍了。

唐代有《李虛中命書》出現，這是中國最早的類似八字書的書，其中多談到『干頭祿』，但未談及『陽梁昌祿』格。在五代十國之前早已出現後盛行於唐代的『五星學』中有一本相傳為張果老所著之《果老星宗》。

此本竟然連民國時期丙寅年之量天尺都有，顯然是託於前人之名的偽作。但其中某些歌訣、經論可能是很早就傳下來的。

在五星學中，有一些星名曾和考試及爵位、富貴有關。例如有天祿、天貴、科名、科甲、魁星、天權、爵星、祿神、天蔭、天印、文星等。在格局上有『君臣慶會』、『五曜連珠』等，也並無『陽梁昌祿』格的出現。

在四柱推命（八字學）中，要看天乙貴人、祿馬同窠、三奇佳會、祿馬交馳等格局。子平法的八字學中，以貴為官，以財官印為三奇、以才為馬。在星曜上仍保有五星學的星曜，如魁星、文星、祿元、天乙、玉堂、科名、文昌、正印等，仍不見『陽梁昌祿』格。

在《紫微斗數全書》中，有『太陽會文昌於官祿金殿傳臚』。又有『太陽會文昌於官祿，皇殿朝班，富貴全美』。至此，『陽梁昌祿』格成形矣！

紫微斗數早期分為南北派，真正被發覺出來是出自明代的『續道藏』，屬於道教之書。紫微斗數是星命術的一種，至今北派已不存在。現行為南派的紫微斗數。現代的紫微斗數又已進入電腦排盤的時代，可以說是另一個紫微命理的新紀元。自然貼近百姓生活的『陽梁昌祿』格會更切實地切入大眾中每一個人的命脈之中，不但主導你的命運起伏，更主導你的財富與人生中的快樂，是不是很讓人驚訝呢？

第二章 『陽梁昌祿』格的內容

『陽梁昌祿』格的內容很簡單的看起來，就是太陽、天梁、文昌、祿星(包括化祿及祿存)，基本上由四顆星組成。一種是『太陽、天梁、文昌、化祿』。一種是『太陽、天梁、文昌、祿存』。

第一節 太陽星

太陽為官星，也是前途無量的運程

太陽星為官星，為官祿主。代表事業、做官、男性、政府、學校、有權力的人。所以，太陽所代表的就是工作、高等職位的工作，例如政府官員。也代表高知識水準，以及有極高權力、地位的人。

太陽更代表極其暢旺的運氣，是每一個人的前程

若就只以太陽星在命盤中來觀看，只要太陽是居旺，其人的人生就會較明亮，較有前途，比一般人會性格開朗，其人會處處覺得人生有希望。並且在人生大運上的好運機會也會比別人多兩個。這是『日月並明』的格局，在人的命運上是極美之現象。

太陽居旺在『陽梁昌祿』格中，則代表事業運、官運、讀書運的旺暢。事業運和官運是成年後的運氣。而讀書運是幼年時代的運氣。

太陽也代表一種在男性社會中的競爭力和領導力。因為人要工作、要考試、要做大官及大事。在古代，女性是無法參加科考的，因此只有男性能獨占鰲頭。在今日，工作職場上，仍是以男性為眾多的職群，況且太陽又代表工作與職位升高和領導的強勢力量，因此，不管是男人或女人，在其命盤中一定要太陽居旺，其人才能具有在職場上之較強的競爭力和領導力。**否則，若太陽居陷的話**，其人常容易心情低落、心情悶、提不起勁來打拼，以及在職場上和男性有不和諧的事情發生。同時也會容易躲在人後面，或被人踩在腳下，不願出頭表現，表現力差，和同儕沒有競爭力，做事會功虧一潰，而失敗。並且太陽居陷的話，易有『日月反背』的格局，其人在人生大運上會有兩個黑暗期，也就比別人多二十年的衰運，自然運程比別人差很多了。

不過，在『陽梁昌祿』格中，即使是太陽居陷，仍會形成格局，行年逢之，也仍有考試運及升官運。只是升官升的沒別人風光，升官升得沒別人快，別人也較少會舉薦你，考試成績只是敬陪末座，成績沒那麼好而已，但也能上榜。

『陽梁昌祿』格帶化忌、天空、地劫

不論在『陽梁昌祿』格裡，或一般人命中，太陽如果帶化忌(甲年生

使你升官發財的『陽梁昌祿』格

之人），或帶天空、地劫，則是帶『官忌』、『官空』、『劫官』，這樣會形成『陽梁昌祿』格之無用，俗稱『破格』。此時縱使是太陽化忌居旺，其人也會不走讀書致仕這條道路，而使人生的層次境界降低，只為一般平民，沒有事業，漂浮過日子而已。

有『官空』和『劫空』的人，其實還有救。只要不是在巳宮或亥宮，有天空、地劫一起和太陽同宮，就會有救。**若『劫、空』和太陽一起同宮時**，表示是『陽梁昌祿』格真的成空了。並且一生事業成空，其人喜歡東做做、西做做，做事做不長，也會突然不想做事了，常不想負責任，會逃避，溜走。自然，也不想唸書，唸書也唸不好的。

如果只有一個天空或一個地劫和太陽同宮時，有『官空』和『劫官』現象，雖也會損害『陽梁昌祿』格的升官及考試能力，但這個天空星和地劫星所影響的是人腦中的想法，如果你意志堅定的集中精神，強力要讀書，強力要在工作上有表現，也能使『陽梁昌祿』格有所表現，會考得上，也會升得了官。但一般人多半是懶懶散散的度過了太陽的運程，也度過了『陽梁昌祿』格的好運罷了。而絲毫不覺得可惜的！

在『陽梁昌祿』格中，化忌的傷害最大，也最怕逢到化忌星。逢到時，其人常繞路走，或因不喜歡讀書，跑去賺錢，或說喜歡賺錢，而不喜歡唸書，然後做了許多粗工、粗活，人生又起起伏伏，經歷了十分的辛苦，到年紀大了，才說：『不知道自己為什麼這麼衰運，一生都不順利。』這就是有化忌在『陽梁昌祿』格中的人，頭腦也根本不清的關係。自然也就不會有成就了。

如何尋找磁場相合的人

每個人一出世，便擁有了自己的磁場。

好的磁場就是孕育成功人士、領導人、有能力的人，以及能造福人群的人的孕育搖籃；同時也是享福、享富貴的天然樂園。

壞的磁場就是多遇傷災、破耗、人生困境、貧窮、死亡，以及災難無法躲過的磁場環境。

人為什麼有災難、不順利、貧窮、或遭遇惡徒侵害導致不能善終的死亡？這完全都是磁場的問題。

法雲居士用紫微命理的方式，讓您認清自己周圍的磁場環境，也幫您找到能協助您、輔助您脫離困境、以及通往成功之路的磁場相合之人。讓您建立一個能享受福財與安樂的快樂天堂。

第二節 天梁星

天梁也是官星，也是蔭星、印星

天梁星在命理格局中，也是重要的官星之一。它代表一種做事業的力量，及一種照顧的力量，為官的力量，在古代或今日都一樣，為官者，要有一顆照顧黎民百姓的慈善心腸，才能作官做得久。這種好心腸，常發生在他照顧別人，別人也會照顧他的時候，這是一種自然反射現象。因此要天梁居旺、廟，才能產生此種效果。

天梁是蔭星，也是貴人星。在古代能做上大官、能考中金榜，多少是需要有祖蔭和天上神明庇佑的。也更是需要父母對其人愛護照顧，把全家族的希望全放到這個考生身上，而使他一蹴而成。其實在今日也一樣，沒有好的父母、能幹的父母支持子女到國外讀書，沒有博士、碩士的學歷，如何能進入官場？

天梁也是顆貴人星。在人生際遇中，多少有些起起落落、沉沉伏伏，但有時間的轉機，和貴人的出手拉拔就很重要。這在人生的轉折點上是最重要的關鍵與臨門一腳了！

在『陽梁昌祿』格中，雖然天梁居陷沒有貴人運或沒有蔭庇或貴人運與蔭庇少，也能有考試運或升官運。但成績並不佳，機會也不多，常會因其他的原因，例如別人關說的原因，而使你上不了榜，或雖上榜，而名次殿後。這是因為你沒蔭庇，沒貴人保護你的原因。自然也會在官途上有絆絆磕磕不順利的情形。

通常，**在命盤中有天梁陷落的人**，例如『紫微在辰』、『紫微在戌』及『紫微在丑』三個命盤格式的人，會有天梁陷落的問題。這些人平常不喜歡別人來管他，甚至父母或長輩、長官多一點關心，在他看來都是在管他。他們也易和長輩、父母處不好，不喜歡和年紀大的人相處，只喜歡和比自己年紀小的人相處，不喜歡有壓力。在工作上，有時候會愛管不管的。某些人更會離譜到，當輪到他管事當家時，他就覺得辛苦、抱怨、愛發飆。輪不到他時，他又愛說風涼話。

天梁星也是印星、掌權之星

以前，在八字中，『蔭』和『印』是相通用的。所以天梁居旺、廟時也是愛掌權、掌符印、做大官的。天梁居陷時，就不愛掌權，或掌不好權，雖想要權謀，但終潰不成軍，不受人服氣、尊敬。因此天梁居旺、廟時，會具有領導力，而天梁居陷時，是沒有領導力的，同時，天梁居旺、居廟時，其人有高智慧、有極高的權謀手段。居陷時，便智慧與權謀皆低劣、不成功了。這由前總統李登輝先生天梁化祿居廟在午宮坐命的人看來，大家便可領略一二了。

天梁也是名聲響亮、遠播之星

天梁居旺時是名聲大好，能遠近皆知的。表示其人能有成就，能登上千萬人之巔峰頂端。因此，想要出名，做事有成就，就必須有天梁居旺、居廟這顆星在命盤中。

況且，有天梁居旺、居廟在命盤中的人，會特別愛惜名譽。一輩子會為名譽來打拼。就像至聖先師孔子，就是天梁居旺坐命丑宮的人，一生注重倫理道德，獨倡儒學，流傳後世。

在『**陽梁昌祿**』**格中，有時天梁的地位比太陽還要重要**，天梁是主貴之貴神。因為有些古代或現代要受舉薦的官位職務，並沒有真正的舉行考試，而是由別人推薦甄選的，因此天梁這顆名聲遠播，再加上神蔭庇佑的星，就更形重要了。天梁居陷時，會不重名聲，不重成就感，貴人運又差，有點自暴自棄、自生自滅的味道！

天梁也會形成『破格』嗎？

也會的！讓我們慢慢來看一下！

天梁受到剋害的狀況，有二種。一是本身居陷落之位。二是同宮的星曜為羊、陀、火、鈴、天空、地劫，或文昌化忌、文曲化忌。

在『陽梁昌祿』格中，若天梁居陷，雖仍有考試運或升官運，但仍對其人有剋害。其人常會臨考試而不想參加考試，或假意逃避，而臨升官之時，雖內心急，而表面故做輕鬆，或故意做些反常之事，怕別人以為自己很在意升官，要故意撇清，而說了不該說的話，或做了不該做的事，最後搞砸了好機會而後悔不已。這也是一種對自己人生命運的剋害。

刑蔭格局

擎羊和天梁同宮

在『陽梁昌祿』格中，有擎羊或陀羅和天梁同宮，則是『刑蔭』格局。

▼使你升官發財的『陽梁昌祿』格

並且**擎羊和天梁同宮時**，天梁皆居旺、廟之位。而陀羅和天梁同宮時，天梁有旺，有陷。

其中刑剋最嚴重的是天梁和擎羊同宮。這表示貴人運受到剋害，甚至於主貴的大好前程受到阻礙，會使人生的層次不高。同時具有此格局時，其人會對人疑神疑鬼、懷疑心重，就算如此小心，但仍會遇到較陰險有陰謀之貴人，其實這個貴人也對你幫助不大，或根本幫不了忙。

尤其『刑蔭格局』在『陽梁昌祿』格中出現時，其人常會不想走正宗的考試路途，而想請人關說，想走偏路而登上好位置。其實刑蔭格局，不但是在命理格局上、人生運程上給你做絆腳石，即便在你的內心，也會讓你想做一些投機取巧的事，或不想那麼累、那麼辛苦，有時就不去考試了，而錯過了這麼強大的『陽梁昌祿』格。

不過，如果你也知道了這個刑蔭的問題，知道了『陽梁昌祿』格是個強勢上進的好格局，你能夠堅守自己的努力，繼續努力讀書，也能在學歷上增加、拿到學位，打破這個『刑蔭格局』的迷思。我就看到一位『天梁、擎羊』坐命未宮的仁兄，雖讀書常在及格邊緣，但目前已在英國唸博士學位了。我再三提醒他：這個刑蔭格局會使人怠惰，希望他能堅持，據說，明年論文交了，就可拿到博士學位了。因此，雖是破格，仍能打破的呀！

陀羅和天梁同宮

陀羅和天梁同宮時，也是『刑蔭』格局，表示天梁所主導的名聲、升官或考試之途，會又笨又慢。所遇到的貴人也會很笨，幫忙幫不好，或不知如何幫忙你，或是愈幫愈忙。

當陀羅居廟(在辰、戌、丑、未宮)，天梁也居旺、廟時，表示天梁所主導的名聲、考試、升官等事情會用粗糙、蠻幹的方式去做，所得的結果讓人不甚滿意。其貴人運也是受到蠻幹、粗糙待遇的。

當天梁居廟(在寅宮)，而陀羅居陷時，表示天梁所主導之名聲、考試、升官等事情，常受到壞心眼的惡意破壞，或會拖拖拉拉不能做成。其貴人運也是常被拖拖拉拉的方式，被拖延超過期限而錯失良機。

在『陽梁昌祿』格中，如果天梁的官位中有陀羅出現，對整個的格局來說，是有受到拖延的影響，但狀況還不嚴重，仍能考上，或升得了官，只是會升個小官，或職位不高而已。如果是軍警業武職，而陀羅又居廟的話，則無妨，也是最適合的了。你會升到一個有點辛苦，但努力做、能發揮自己意志的工作。陀羅不適合文職，會職位低下，做收拾殘局、破爛的工作。

天梁和天空、地劫同宮

『天梁和天空』同宮、『天梁和地劫』同宮、『天梁和天空、地劫』一起同宮時，皆是『官空』、『劫空』、『蔭空』、『劫蔭』、『印空』、『劫印』等的格局。因此要小心頭腦空空，不會想去做考試、升職或名聲上的努力。也會因為其他事的耽誤而失去機會。並且，其人在命格中常有不能成名，或無法受重用，無法升職等問題。說到根本，其人就是個平民小百姓的命啦！

如果在『陽梁昌祿』格中有此天空、地劫和天梁同宮，如果只有一個天空和天梁同宮，或一個地劫和天梁同宮，也還好，只是你會錯過一些好時運，而沒去考。或是差一點會考上。但還總是有機會嘛！**如果有天梁和天空、地劫一起在巳宮或亥宮出現**，則你縱然有『陽梁昌祿』格，也是惘然，你根本不會喜歡唸書！也根本不會去參加考試或升職競爭，你也根本沒貴人，只是糊塗過日子而已。

天梁和化忌同宮

天梁星最容易碰到的化忌星，就是己年生的文曲化忌，和辛年生人的文昌化忌。其中以己年生的文曲化忌最多。

天梁星是南斗星曜，是命盤中的骨幹支柱，而文曲星、文昌星是時系星，以出生時排列之，**故己年生的人**，有文曲化忌和天梁同宮的話，會有**丑時生**，命盤格局是『紫微在辰』的人。**卯時生**，命盤格局是『紫微在寅』

使你升官發財的
『陽梁昌祿』格

的人。**巳時生**，命盤格局為『紫微在子』的人。**未時生**，命盤格局是『紫微在戌』的人。**酉時生**，命盤格局為『紫微在申』的人。**亥時生**，命盤格局為『紫微在午』的人。只有這六個時間生的人會遇到有文曲化忌和天梁同宮。而文昌化忌則是辛年生的人會遇到的。

不論天梁是和文曲化忌同宮，或和文昌化忌同宮，都代表其人會無法出名，或無法升官，考試容易考不上。

在『陽梁昌祿』格中有天梁和文曲化忌或文昌化忌同宮時，也是縱然很辛苦的唸了高學歷，也對其人用處不大。不易出名，或根本不喜歡唸書，而繞道而走。而使『陽梁昌祿』格荒廢了。

第三節　文昌星及祿星

文昌星

文昌星是『陽梁昌祿』格中也十分重要的一顆星。因為沒有此星曜，『陽梁昌祿』格就不成格局了。

雖然文昌星的廟、旺、平、陷，並不影響『陽梁昌祿』格的有無。**但是文昌在『寅、午、戌』居陷時**，其人雖具有『陽梁昌祿』格，其人也不會做與文職有關的事情。只有做體育、運動或軍警業較佳。因為文昌居陷時，不喜歡唸書，也對考試應付不好，不善於考試。而文昌居旺、居廟的人對文書、文字的結構很善於領會，數學較好，有計算能力，有規則化的能力。甚至於善於畫畫的人，也必須有文昌居廟旺之位，才有可能畫得好。而文昌居陷人，多半沒有繪畫的才藝，也沒有做手工、勞作等的才藝，其人較粗俗，本性也不斯文。

在『陽梁昌祿』格中，必須有文昌這顆代表智慧、精明、有文學氣質、精通文墨、計算、才能優越的星曜不可。

在『陽梁昌祿』格中，為何不能用文曲星來代替呢？因為文曲的作用在口才、表演、身體的活動或韻律、舞蹈、運動方面。文曲居旺時，最多是桃花多的問題，但並不會有氣質和能登大雅之堂的文質氣派。雖有人緣，但並不被言行穩重的老師、長官或政府大臣所看得起。是故文曲無法代替文昌在格局中發揮作用。

文昌在巳、酉、丑宮居廟，在申、子、辰宮居旺，在卯、亥、未宮居平，在寅、午、戌宮居陷。因此，在『陽梁昌祿』格中，由文昌在巳、酉、丑宮所組成之格局，為『陽梁昌祿』格中，文質能力最高的格局。未來成就也最好，而以文昌在寅、午、戌等宮居陷所形成之『陽梁昌祿』格，也能慢慢唸至博士學位，但成績始終不佳，但如果學體育、運動、軍警、搏擊學科的人，則不在此限。當文昌陷落時，表示精明幹練皆不足，智謀、算計也不足。因此其人容易繞遠路而行。可能繞了一大圈，最後才走上有名聲之路，因此有此格局的人最好要小心，在人生的關鍵點時，多思考一下。

祿星

『陽梁昌祿』格中的祿星，其實包括化祿和祿存兩顆星，皆稱『祿星』。在某些書上或某些人會不贊成『祿存』也是『陽梁昌祿』格中的一員。但我經過多年的印證，證明確實『祿存』在『陽梁昌祿』格中能成為『陽梁昌祿』格局中財星的一根重要的支柱。只是它和化祿不一樣的地方，就是『祿存』十分保守，有一定的食祿而已，並無太大的財富。通常，由加祿存所形成『陽梁昌祿』格的人，會做普通公務員，具有高學歷而已。例如在政府或公家機關上班、做老師、在大學教書，生活很平靜，無太大的波動。

『祿存』的財就是衣食之祿。我們常可看到某些本命財不多，或本命較窮的人，常在命盤中形成此種的『陽梁昌祿』格，而給此人一線生機，讓他能經由唸書，爭取高學歷，而達衣食充足的生活境界。

有由『祿存』所形成之『陽梁昌祿』格的人，是不適合做生意及投資的，縱然你上班工作積攢一些錢財，也不能意想天開的去買股票、基金來投資。只適合放在銀行生利息，甚至生利息都要小心選擇銀行。因為祿存是保守的財，是衣食之祿、有吃穿而已，要妄想得大財，一定會遭殃的。君不見二〇〇八年哀鴻遍野的美國股災，及美國次貸案的牽連，台灣也有許多公教人員，將多年積蓄投入而遭受重大損失，這其中不乏具有高學歷的政府高官或大學教授，難道他們的精明與計算能力不好嗎？不是的！這一方面是『運』，大運、流年的問題，一方面是本命財的格局大小的問題。所以，每個人本命中有多少錢財、格局之大小早已天定，想多求也多求不來。如果本命財庫又有破洞，會隔幾年便破一次的人，就更要小心！以防好不容易存一點錢，一逢到破財年，又全都破掉，又得再重頭再來存錢了。這是十分辛苦的。是故，請大家先認真、真切的面對自己，先暸解自己本命的財富格局，再來計劃自己的投資之道。

我常在論命時，看到某些欠債很多又命窮的朋友，論命時間中，一直在『蛤蟆打哈欠』好大的口氣說：『老師！你看我要做什麼投資好呢？做股票、期貨能賺到大錢嗎？』

我說：『你什麼也別投資！現在當急之務是賺錢還債要緊！縱使手邊經過一些小錢，也千萬別投資，因為命中財不多，以防有流沙暗洞，跌了

使你升官發財的『陽梁昌祿』格

進去，就萬劫不復了！』

當然！這些人是未必聽得進去的！因此這世界上萬劫不復的人還真多！事實上，某些人是根本窮到沒錢投資，而靠借錢投資的。他們只想到賺錢的一面，卻沒想到虧錢時要怎麼辦？尤其股票的風險最高，常常會在失利時，還禍及家人、妻子及子女。以前因股票失利跳樓、自殺的時有所聞，這些都是本命就窮，還想投資的人。

近來，又有一位兇嫌回家向父母要錢而殺了父母，再回自己家用迷藥燒炭的方式殺自己的妻子、兒女，像這種愚極、笨極的禍害之人，連自己的敵人是誰都搞不清楚，真是令人唉嘆了！

像很多人的錢財失利，栽在股票之中，並不知道害你的敵人是誰。只知道錢財幾十萬、幾百萬、幾千萬，嘩！的一聲就沒了。然後自己就發了瘋一樣，根本就沒看到敵人的形像，就變得一無所有了。其實這個惡魔就是自己的『笨』，和一心想賺大錢、想不用什麼力氣就在股市、基金中翻幾翻的念頭、想法。因此惡魔就是自己啦！希望大家能多學命理，知道自己命中的財是如何得的方法，再來好好投資，像前面說到：**命盤中有文昌陷落的人**，不管你有無『陽梁昌祿』格，你都是對錢財不太會算計及不太會理財理財之人，因此就別亂投資啦！命盤中有文昌居旺的人要小心計算著去投資，或有祿存在命盤中命、財、官的人也就別投資了，或投資自己多唸書，找出多一條生財之道出來，也不錯。

『十干化祿』在陽梁昌祿格中

『化祿星』的形式共有十個，因為年干有十個，故稱『十干化祿』。例如甲年為『廉貞化祿』。乙年為天機化祿。丙年為天同化祿。丁年為巨門化祿。戊年為貪狼化祿。己年為武曲化祿。庚年為太陽化祿。辛年為巨門化祿。壬年為天梁化祿。癸年為破軍化祿。

在『陽梁昌祿』格中，其實『廉貞化祿』、『武曲化祿』、『破軍化祿』都用不著，因為不會在『陽梁昌祿』格的三合或四方宮位中，就連折射也折射不到。

而『貪狼化祿』則會在『紫微在子』、『紫微在卯』、『紫微在午』、『紫微在酉』四個命盤格式中，以四方宮位的方式進入『陽梁昌祿』格而有用。

『陽梁昌祿』格與『機月同梁』格相輔相成

每一種化祿因主星不同，而其所帶之財祿皆不一樣。也有多寡之分。

但嚴格的說起來，『陽梁昌祿』格中的太陽、天梁、文昌及祿星，因受格局的範圍影響，它多半與『機月同梁』格中的天機、太陰、天同、天梁有關。也就是說，原則上，『陽梁昌祿』格還是和『機月同梁』格有相互交叉作用，彼此有關聯的。也因此凡具有『陽梁昌祿』格的人，還是必須天天上班，有固定的作息，才能得到『陽梁昌祿』格的財富。就像台積電的老闆張忠謀先生一樣，雖具有高學歷，具有『陽梁昌祿』格，也必須天天上班來用心經營事業，才能有成。

現在僅就與『陽梁昌祿』格有關的化祿星來探討其所帶財祿

天機化祿

天機化祿一看就知道是『機月同梁』格中重要的一環，也知道它必是帶給人上班族穩定的生活。自然其財利部分不大，多半是月俸制的錢財。如果失業，便無財可領了。

天機化祿也代表賺『聰明的財』。這裡所稱所謂『聰明的財』，並不是投機取巧的方式，或偷雞摸狗的方式的財。而是做設計工作、做跑新聞的記者的工作所賺之財，或是做發明、創造新物品、新觀念，例如廣告業、傳播業，或美容化妝業，或設計物品、網頁設計、室內設計、服裝設計等，還有寫書的作者，帶領時尚觀念、新觀念或新的政治理念的人，甚至政治人物賺的都是『聰明的錢』。

『聰明的錢』都是要付出勞力來賺，因此『天機化祿』要賺此錢是有一點辛苦的。

『天機化祿』也會經過一些波折、起伏、上上下下、或有一些是非發生，才會賺到錢。

『天機化祿』和『陽梁昌祿』格的關係，其實並不深，它多半在折射中才會出現，因此它的財祿，能幫到『陽梁昌祿』格時，其實並不強，也不多，只有一點工作之財而已。

例如在『紫微在巳』、『紫微在亥』命盤格式中之『陽梁昌祿』格基本上就是折射的，而天機和天梁同宮，有化祿時，就為『天機化祿、天梁化權、擎羊』，在『紫微在巳』中是申、子、辰三合，再由『太陽、巨門』射向申宮，而形成『折射的陽梁昌祿格』。又因為天機化祿居平，而天梁化權居廟的關係，又加上擎羊，實際上是由受到刑蔭影響的天梁化權做主當家。在這個折射的『陽梁昌祿』格局中，因有羊、陀及三合化忌的影響，其實不一定有用，而天機化祿的財祿也少的可憐，常會工作斷斷續續，或並沒唸書，沒取得高學歷而為平常人之命格，會一無所成。

因此，**『天機化祿』對『陽梁昌祿』格的益處甚少**。最多，還算是帶點祿吧！在別的格局中，也多少幫助你在唸書時，或找工作時，會使你所唸之書，或你的文憑還多少是有點作用的。

沒有祿星，只有『陽梁昌』的人，會學而無用

如果命盤格局上，有『陽梁昌』，而沒有祿星時，則你所唸的書常會無用。你的工作也常會和你所學的學科無關。這在社會上是常常看到的現象。

『祿星』特別怕刑剋，尤其怕羊、陀、火、鈴、劫、空來剋，也怕化忌或殺、破等星。否則會有祿等於沒祿，或財少，賺不多。

『天機化祿』的財，要以『天機居廟帶化祿』才多一點，例如在子、午

宮的『天機化祿』。其次是『天機居旺帶祿』。再其次是『天機居得地帶化祿』。底下是『天機居平帶化祿』。最差是『天機居陷帶化祿』，這只是人緣還差強人意而已，財的部分非常少了。

6.紫微在巳

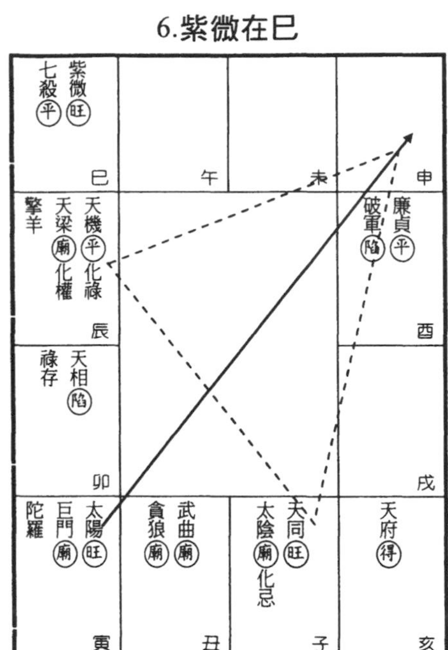

天同化祿

丙年生，有天同化祿是所享受的福祿，是自然而然的享受到財祿。這種自然而然的享受之祿，自然是衣食之祿，很少是非常大之財富。通常命盤中有『天同化祿』的人都比較懶。尤其是『紫微在辰』及『紫微在戌』兩個命盤格式中，因天同化祿居廟的關係，雖然算是好的項目，但人會更懶、更愛享福，會缺乏競爭力，而人生平平。

天同化祿在『陽梁昌祿』格上，都是折射角度、在輔助而稍微帶有祿星的位置上，對真正的『陽梁昌祿』格幫助不大。有時候會反而因為有些天同化祿而影響到『陽梁昌祿』格帶給其人主貴的機會及人生格局，會因懶惰愛玩而放棄高學歷或放棄參加使人生增高的考試機會。這反而有點不太好了！

天同化祿以在巳宮及亥宮為居廟，在子宮、申宮居旺，在寅、卯、辰、戌、等宮居平。在丑、午、未等宮居陷。居陷的天同化祿便更無什麼財富可言了，只是有一點偷懶的機會而已。實際上也享不到什麼福。

太陰化祿

『太陰化祿』是丁年生的人會遇到的，『太陰化祿』所代表的是感情的滋潤，喜談戀愛，和薪水之財，銀行存款之財，以及房地產之財。如果太陰化祿在夫妻宮，代表能有妻財，及很會談戀愛。

『太陰化祿』不是鉅資之財，但會源源不斷，一直生財。主要是靠工作努力，及儲蓄存款所致。

『太陰化祿』在亥、子、丑宮居廟時，財最旺。在戌、酉、寅宮居旺時，財為次旺。在申宮居平時，財為少。在卯、辰、巳、午、未宮居陷時，為有些窮的財祿了。化祿根本感覺不出來了。最多是人緣稍有一點而已，

『太陰化祿』在『陽梁昌祿』格中，有些是在三合的位置上，有些是在折射的位置上。在三合的位置上時，就真的對『陽梁昌祿』格為有用了。例如：在『紫微在子』、『紫微在午』、『紫微在寅』、『紫微在申』等四個命盤中，它會在太陽、天梁的三合位置上，來幫忙形成格局，但其他的八個命盤格式則幾乎都在太陽的對宮或三合折射的位置上。也不一定能幫得了『陽梁昌祿』格了。

如何掌握你的桃花運
三分鐘算出紫微斗數

太陽化祿

庚年生人：有的是『太陽化祿』。目前有許多大人物都是具有此『太陽化祿』。例如比爾蓋茲，例如台灣的馬英九總統等等，都是有居廟、居旺的『太陽化祿』，在『陽梁昌祿』格中形成堅強的支柱重軸，才能擁有現在的地位的。

『太陽化祿』代表的是工作、機會的旺暢，以及在男性世界圓融的競爭力，這是又競爭、又圓融，使大家擁護、不討厭、排斥的力量。

『太陽化祿』所代表的財，是公家機關工作的財，是男性活動出勞力、粗活、汗水之財。**是檯面上明顯光明正大之財**(不能是陰私、暗藏、貪污、不名譽之財)，否則便必有悔恨、坐牢之事。其實台灣另一位前總統陳水扁先生，也是具有『太陽化祿』在命盤上，因此他在選舉上能吸引性男性朋友的選票，雖然『陽梁昌祿』格不成格局，因文昌在申宮，不在酉宮，故也無向上拿到博士學位。另一方面因命盤中有太陽化祿雖在僕役宮，但仍是要賺光明正大之財才行，卻因貪賴、貪污，吞沒國家與賣官鬻爵之錢，而有牢獄之災。這就是『太陽化祿』的真實意義。要賺光明正大的錢財會賺很久的，一生不用為錢財發愁，也會成為大富翁。但太貪，又再賺陰私、邪惡之財，就會東窗事發，有牢獄之災了。

『太陽化祿』以在卯宮居廟最強，並和居廟的天梁同宮，是『陽梁昌祿』格的正格。總統馬英九先生的『陽梁昌祿』格正是此格，而且文昌和祿星皆集中在卯宮的官祿宮之中，因此可居高位。也就是說，『陽梁昌祿』格居官祿宮，不但工作運很強，蔭庇的貴人運也很強，故能拿到博士學位，具有高學歷與登上總統之位。

馬英九先生 命盤

遷移宮 天機 右弼 辛巳	疾厄宮 紫微 地劫 壬午	財帛宮 陀羅 癸未	子女宮 破軍 祿存 火星 甲申
僕役宮 七殺 天空 庚辰		陽男	夫妻宮 擎羊 左輔 乙酉
官祿宮 太陽化祿 天梁 文昌 己卯		庚寅年	兄弟宮 廉貞 天府 文曲 丙戌
田宅宮 武曲化權 天相 戊寅	福德宮 天同化祿 巨門 己丑	父母宮 貪狼 戊子	命宮 太陰化忌 文曲 丁亥

『太陽化祿』在寅、辰、巳、午等宮居旺位，為次旺的財官之祿。在未、申二宮居得地之位，已有日落西山之勢，較不強了，財也不多了，又會有慵懶提不起勁來的感覺。太陽化祿在酉宮居平，已漸無光亮，沒什麼財了。有的只是私下和男性友人的感情還圓融而已，以及一些少許的私房錢。**太陽化祿在戌宮、亥宮、子宮為最黑暗**，只有和男性朋友暗中的交往之情與暗中的私房錢而已，是黑暗無光的小財。

『陽梁昌祿』格是極旺的運氣，雖然『太陽化祿』居陷，也能形成格局，但其在默默讀書上面能有成就，在作大官出大名、成大事業方面仍是力不從心，是有瑕疵的。

女子在夫妻宮有太陽化祿，又能形成『陽梁昌祿』格的人，本身會學歷高，有事業心，有大丈夫氣概。其配偶也會是事業有成，財官並美之人。

如何掌握婚姻運

法雲居士⊙著

在全世界的人口中，只有三分之一的人，婚姻幸福美滿的人，可以掌握到婚姻運。這和具有偏財運命格之人的比例是一樣的，你是不是很驚訝！
婚姻和事業是人生主要的兩大架構。掌握婚姻運就是掌握了人生中感情方面的順利幸福，這是除了錢財之外，人人都想得到的東西。誰又是主宰人們婚姻運的舵手呢？

婚姻運會影響事業運，可不可能改好呢？
每個人的婚姻運玄機都藏在自己的紫微命盤之中，法雲居士以紫微命理的方式，幫你找出婚姻運的癥結所在，再以時間上的特性，教你掌握自己的婚姻運。並且幫助你檢驗人生和自己ＥＱ的智商，從而發展出情感、財利兼備的美滿人生！

巨門化祿

辛年生的人有『巨門化祿』。『巨門化祿』常會在太陽星的對宮，三合宮位，或同宮的位置上，但它經常是形成折射的『陽梁昌祿』格時，才會出現為有用。

『巨門化祿』所代表的意思是口才好，會說好聽的話，會以言語攏絡人。也代表有口福。以及能用口才化解糾紛及災難、衝突。

倘若『陽梁昌祿』格是由折射的『巨門化祿』來代表祿星而組成時，代表其人是靠嘴巴、口才吃飯，或是由口才、嘴巴隨便講一講，就能使人生增高的人。這是特殊功能，要會利用才行。不會利用，不做老師、推銷員、演講者，遊說者，則此功能為無用了。

『巨門化祿』以寅、卯、申、酉四宮為居廟，最有口才和口福了。其次以子、巳、午、亥四宮為居旺，其口才和口福也極佳。**而以丑、未、辰、戌四宮為居陷**，則是會說一些不痛不癢、沒用的話，或廢話多。其口福是易吃一些垃圾食品、好吃不挑。巨門化祿居廟、居旺時，則精於美食，吃東西也挑食。

『巨門化祿』在『陽梁昌祿』格中只是次要的地位，有時沒有祿星時，尤其折射或三合照守也差強人意的組成格局。算是還算有用的星曜吧！

天梁化祿

壬年生的人有『天梁化祿』。因為天梁和祿星雙星合併，因此壬年生的人具有『陽梁昌祿』格的人應該較多吧！因為只差一個時系星文昌來會就可成局了嘛！再則，壬年生的人有武曲化忌在命盤中，會形成窮困或財務危機，是故老天爺會給他們多一點唸書的機會來賺錢。如果無法形成『陽梁昌祿』格，又不能唸書取貴的人，則真是窮命、沒話講了！

『天梁化祿』的意思是要多拜神，上蒼會給你保佑。你的一切運氣皆在蔭庇之中。『天梁化祿』有貴人給的財，但又會帶有包袱的意味。也就是說：貴人、上蒼會幫助你，但又會給你一些功課要你完成。因此，這也是沒有白吃的午餐的。

『天梁化祿』以子、寅、卯、辰、午、戌等宮為居廟。居廟時，『天梁化祿』會發揮照顧及蔭庇的作用，其人也能因事業、成就出大名而帶來一些財利。『天梁化祿』以在丑、未二宮居旺，是較次的蔭福了，但也算很強了。像至聖先師孔子就是天梁化祿坐命丑宮的人，因此，能得享學術思想集大成之美名，留芳千古。

『天梁化祿』在酉宮為居得地之位，剛合格，還好，不在陷位。是稍有蔭福而已。『天梁化祿』在巳、申、亥三宮為居陷位，蔭福少，包袱多，其人常對事愛管不管，以致蔭福也蔭不到自己身上。要能管事才會有蔭福。『天梁化祿』在巳宮時，其對宮有祿存、天同，表示愛享保守的福氣。『天梁化祿』在亥宮時，是和祿存同宮，這兩個格式都具有『雙祿』格局，但財並非真的很多，反而只有一點衣食之祿而已。因為『天梁化祿』居陷位，本來就不具有什麼財祿，只是人緣桃花還有一點而已，而祿存又將其財祿規格限制在衣食之祿方面，因此有吃、有喝、有工作可賺衣食就應該滿足，可偷笑了，實在不應再貪大財。有一位朋友因有此『雙祿』格局，以為自己應該很有錢，因此舉債買股票。而遇股災，幾乎要以自殺來逃避。

這是因為是壬年生的人，必會命盤中有武曲化忌，因此要小心為妙了！

壬年生『天梁化祿、祿存』的『雙祿』格局

5. 紫微在辰

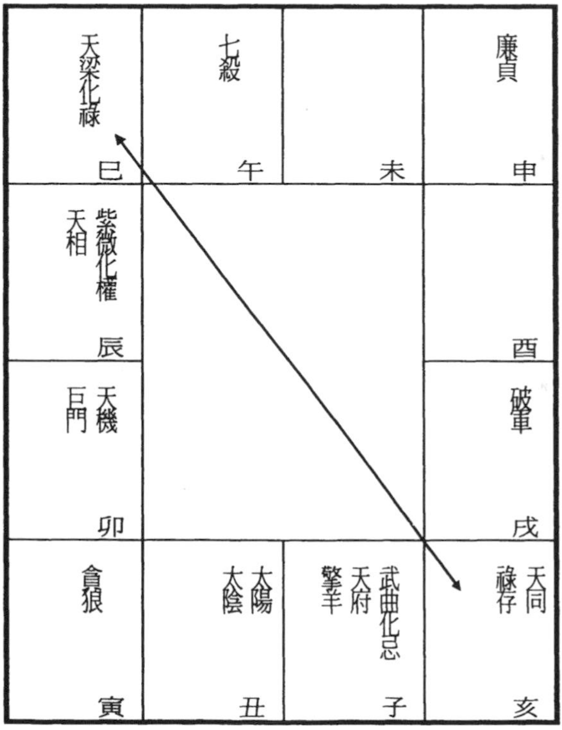

巳	午	未	申
天梁化祿	七殺		廉貞

辰			酉
紫微化權、天相			

卯			戌
天機、巨門			破軍

寅	丑	子	亥
貪狼	太陽、太陰	武曲化忌、天府、擎羊	天同、祿存

11. 紫微在戌

天同 巳	武曲化忌 天府 午	太陽 太陰 未	貪狼 申
破軍 辰			天機 巨門 酉
卯			紫微化權 天相 陀羅 戌
廉貞 寅	丑	七殺 擎羊 子	天梁化祿 祿存 亥

『陽梁昌祿』格中，雖有『雙祿』格局，也最好要有文昌在格局中，如此才能成格。否則也是罔然。

祿存星的作用

祿存星在『陽梁昌祿』格中，雖能組成格局，又能使用此格局的人會具有財祿。**但祿存星的問題在於它是一顆保守的星**，會把一切好的及壞的限制住在保守層面。例如：如果你的『陽梁昌祿』格是由『祿存』這顆祿星所組成的話，那就表示你的工作及學歷以及靠讀書、學歷所賺得之錢財或名聲會在某種限制之內，不會太高，這要看祿星帶財多寡來看。

祿存星雖表面來看，在十二宮皆居廟，無陷落、平、旺之分。其實祿存是五行屬土的星曜，在火土宮(寅、巳、午等宮)為真的居旺、廟，而在五行屬水(申、亥、子等宮)的官位是較居平陷、不旺的。祿存是不會落在辰、戌、丑、未宮的，因這四宮是四墓宮之故。

因此以『陽梁昌祿』格中，若祿星在寅、巳、午宮，則所得財祿與名聲較大，但工作形態仍是保守的，可能只是公務員或教書工作而已。

第三章 『陽梁昌祿』格的作用與境界

『陽梁昌祿』格是個『主貴』的格局

『陽梁昌祿』格是一個極高，又極旺的『主貴』的格局。簡稱『貴格』。或許你不瞭解何謂『主貴』的格局？或是『主貴』又有什麼用呢？所謂『主貴格局』，就是具有了此格局之後，就能使人的人生層次增高的一種作用。

其一就是會讓人脫離貧窮生活。

例如：在古代，原先是寒門窮書生，命中有此格局，便能苦讀奮發，經過一翻寒澈骨，接著在大運的加持下，赴京會試，一躍龍門，能考上皇榜的頭幾名，躍上枝頭做鳳凰了。

就算是現今二十一世紀的時日中，具有『陽梁昌祿』格，也是讓那些貧寒家庭中的子弟經由功課好，而反敗為勝，脫離貧窮的唯一法寶。

其二就是能使人達到受人尊敬的地位。

『陽梁昌祿』格能使人達到受人尊敬地位的形態有很多樣式。例如：

(1)小的時候或年輕時，功課較一般同儕優良，常考第一，而受學校老師同學的敬重。(2)少年或青年時代，能參加大型考試或國家會考，榜上有名，或甚至能獨占鰲頭，為榜首，而出大名。(3)青少年時代會因發明或文章出名。例如名作家張愛玲小姐具有此『陽梁昌祿』格，而在二十三歲時便以文章小說出名了，而達到令人尊敬的地位。

其三就是它能讓人具有學習能力，能接受良好的教育，能得到最高學歷。通常具有『陽梁昌祿』格的人都會具有高學歷，唸到博士學位不成問題。如果沒有唸到，必然格局有瑕疵，或文昌居陷，或有陽梁昌，而沒有祿，也是破格無用。

『陽梁昌祿』格能讓人具有天生的喜好學習新知識，喜歡追求高學歷的一種動力，並且有天梁蔭星的蔭庇，貴人運的幫助，因此在人生中縱然遇到家境中再多的困難、窮困，也會由外面產生貴人幫助其人完成學業。其實，只要命格中具有『陽梁昌祿』格，唸書問題其實是不用愁的。因為老天爺其實已在冥冥中做記號，暗指這個人為有用之人，一定會有許多貴人出現，幫助其人完成大業的了。

有『陽梁昌祿』格的人，容易有好的職業

通常，有『陽梁昌祿』格的人比一般人學習成績好，而且學歷高。在早期三、四十年代的人，大多會有大學畢業的資格，有些也有博士學歷，這在當時已學歷極高了。現今，則必有博士、碩士學歷，而讓人毫不驚訝了。像台灣很多科技業、電子業的龍頭集團之總裁、負責人，都有『陽梁昌祿』格，像台積電的總裁張忠謀先生、廣達集團創辦人林百里先生、宏

達電及威盛的董事長王雪紅小姐等皆有『陽梁昌祿』格。因為他們所做的事業全是科技中頂尖的事業，沒有一定的高知識水準及經營方略，是較難掌控的。

再則，**有一些寫書的作家，與大學教書的老師們會有『陽梁昌祿』格**。會寫書的作家，不一定每一個都有此格，只有某部分有，而在大學教書的教授，必須具有博士學位才能具有教授資格。某些早期用資歷慢慢經過核定爬到教授地位，而無真正的博士學歷的人，則多半不具有『陽梁昌祿』格。如此，他們也會升遷之路要靠運氣。大運吉時，容易升遷，否則，常遭受打壓。我就親眼見一大學老師，已頭髮灰白，年近退休之時，才拿到學校給的專任老師資格，也才固定有飯吃。十分令人唏噓。

還有一次，**我到一個廣播電臺接受訪問**，中間休息時間，身旁擠了一大堆人，紛紛拿出自己的命盤湊到我的眼前，希望我能為他們解說迷津。因為人數多，他們就自己排隊了。我看了一個又一個，都十分驚訝，這些人都具有『陽梁昌祿』格。不論節目主持人，甚至機器控制師、業務人員、甚至連小妹都具有『陽梁昌祿』格。

這讓我不禁懷疑『陽梁昌祿』格是否有攏絡吸引相同格局能力的人會匯集到一起的能力？否則為什麼這家電台的人之人生格局都是這麼高呢？

不過，像節目主持人，和節目企劃人員、機器控制員，這些人必具有專業知識，能具有聰明的、智商高的、具有工作能力的『陽梁昌祿』格，是一點也不稀奇的。那位做小妹的小姐目前是大學生來工讀的，而具有『陽梁昌祿』格，也就十分自然了。不過，可以肯定的是，這家廣播電臺中的工作人員全都具有『陽梁昌祿』格，或『陽梁昌祿』的人很多的話，這家電台一定是生意興隆，有很高的聲譽、收聽率很高、經營很重趨勢，能夠成就非凡的企業。事實上也證明，這家電台是當地屬一屬二的電台了。

像某些運動員、球員，也會具有『陽梁昌祿』格，而具有運動方面的高學歷，就像有『飛躍的羚羊』之稱的紀政小姐，就具有『陽梁昌祿』格，而且具有美國體育學系的大學文憑，那在那個年代是十分不容易的事。雖然她的格局中仍有太陽化忌居陷的問題，但仍拿到學位，而使人生格局增高了，這必須要具有非常的意志才行！

例如：『台灣之光』王建民先生，本來也具有折射的『陽梁昌祿』格，但因酉宮有『太陰化忌、擎羊』的關係所阻斷，而使他從小不愛唸書，但將來他走到『陽梁昌祿』格的正格，如太陽化祿運、天梁運、天同、文昌運時，就會喜愛唸書了。

王建民先生 命盤
折射的『陽梁昌祿』格

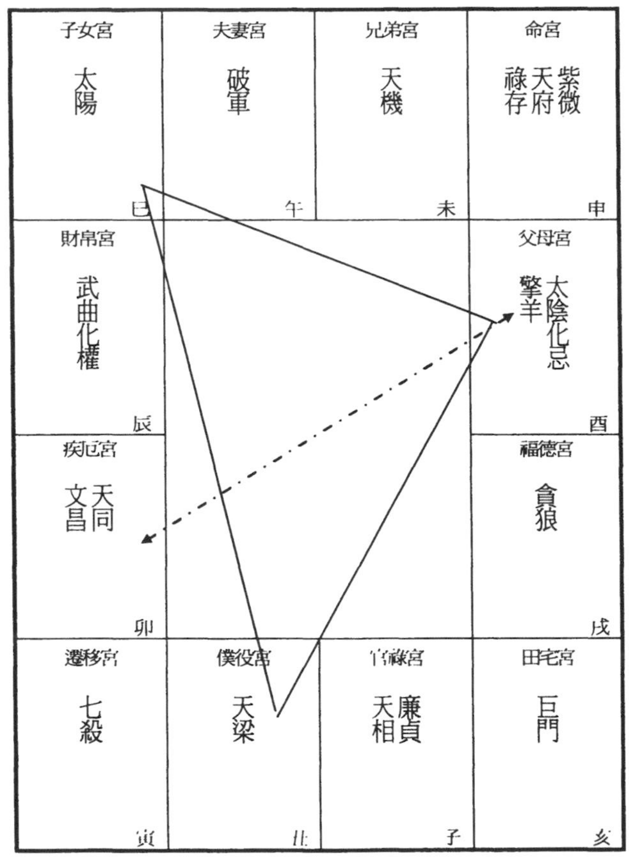

使你升官發財的『陽梁昌祿』格

科學家、會計人員都須要『陽梁昌祿』格

能做到科學家的人，大多是理工科系的人，會學到微積分、數學基礎要好，因此需要文昌這顆會精於計算的星曜。通常文昌居陷的人，都計算能力差，因此無法在理工科系上有好成績。

另一種金融、經濟學者，或會計人員，也最好是要具有『陽梁昌祿』格，才會有以知識出名，或統計學、計算學比一般人強，能帶動一種學說。

藝術家中和『陽梁昌祿』格有關的，主要是畫家及音樂家

做畫家要能繪畫技術好，又能出大名，就必須有『陽梁昌祿』格。

在畫家中能創立派別，再能出人頭地，成為世紀一百大畫家的，更是需要具有『陽梁昌祿』格才行。在這之中，文昌星能使畫家在圖形的感受上特別深刻，也能使畫中線條與塊狀面積或圖形的扭曲或舒展狀況得到精確的計算。很多繪畫都是必須具備精確計算的，像歐普藝術中一些視覺藝術的效果，圖案的凹凸、重疊規則化的放大、縮小的變化等等。

在正規的音樂家中，『陽梁昌祿』格，能使精通樂理的理解力增強，也能使作曲家的創作才能發展得更才思泉湧。

演藝人員的『陽梁昌祿』格

做演藝人員不必然須要『陽梁昌祿』格。演藝人員需要的是文曲居旺，如此便能桃花多，受歡迎。並且，口才好，才藝佳，身體的律動感、韻律感較優，因此唱歌跳舞學得快，表現得好。文曲星並且是一顆愛像孔雀開屏一樣展現羽毛的星曜，愛表現，也會表現機會多，因此容易以此出名。

但是，**演藝人員如果命格中具有『陽梁昌祿』格的話**，最厲害的會像前美國總統雷根先生一樣，由一個演員，進階至州長，再當上美國總統，創造了他一生的榮華富貴。

另外，像日本的演員北野武先生，一方面是知名演員、節目主持人，同時具有藝術博士學位，及大學中的教職。另一方面，他是現代畫的畫家，於二〇一〇年在巴黎開畫展很成功。

另外，像日本宮崎市的縣知事東國原英夫先生，也是由諧星轉任而來，競選成功而得到此職位的。

總而言之，『陽梁昌祿』格是一個『貴格』，即『主貴格局』，要想人生能增高，能出人頭地，站上第一線，非得命格中有此格局才能站得上那個位置。例如各國的總理、總統，以及聯合國中重要執事人員。倘若沒有此格，即使能當上高位也做不久，或必有羞辱之事發生。這就稱為『貴不足』了。

雖然『陽梁昌祿』格這麼重要。但是非常遺憾的是，我發覺在我們的**出版界中，真正有『陽梁昌祿』格的人並不多**。而且就連很多知名作家都無『陽梁昌祿』格，如此一來，就會稍有名氣就曇花一現的消失了。再說，出版業界可能大部分的工作是印刷、運輸、販賣之類的業務，這也與『陽梁昌祿』格無關，因此具有『陽梁昌祿』格的人在此職業中較少出現，也不為奇怪了。

流浪博士的『陽梁昌祿』格

近來有一則新聞，說是：台灣有近三萬個博士正為流浪博士，無法找到正職工作。這個數目十分可觀！大家不禁要想：能唸到博士學位的人，不是都具有『陽梁昌祿』格嗎？否則怎能唸到如此高的學歷呢？

其實不盡然，很多人沒有『陽梁昌祿』格，但是靠運氣，靠流年好，也能考試考得上。而且近幾年來，台灣所謂的推廣教育的博士也很多，這是為什麼台灣博士在這幾年急速增加的原因。但是如果要真談到讀了書有沒有用？那就真要比比命了！命中有『陽梁昌祿』格的人，鐵定能找到工作，因此而得祿。『陽梁昌祿』格不完全，或有破格的人，則容易變成流浪博士。

第四章 十二命盤中『陽梁昌祿』格之形式與成就高低

在基本的十二個命盤格式中，似乎都能形成『陽梁昌祿』格，但有些是折射的，有些是可形成正牌的『陽梁昌祿』格，這在人命格之格局高低層次上就十分明顯的顯現出來了，也會在其人生成就上有明顯及重要事蹟展現。因此，『陽梁昌祿』格的形成非常重要！

例如在這十二個命盤格式中，有八個命盤格式是可以形成正牌的『陽梁昌祿』格的。所謂正牌的『陽梁昌祿』格，就是能在四方及三合宮位或對宮、同宮等四種狀況所形成之『陽梁昌祿』格。就像馬英九總統先生命盤中的陽梁昌祿四顆星全集中在官祿宮一宮之中，稱為『同宮』的『陽梁昌祿』格即是。**而且另有四個命盤格式，如『紫微在丑』、『紫微在巳』、『紫**

使你升官發財的『陽梁昌祿』格

微在未』、『紫微在亥』四個命盤格式則全為折射的『陽梁昌祿』格。雖說是折射的『陽梁昌祿』格，品級有高下，但也有高人出現，例如在『紫微在巳』命盤格式中，就有蔣夫人宋美齡女士具有一種特殊的折射的『陽梁昌祿』格，而具有財官雙美的人生。因此，也不能說折射的『陽梁昌祿』格全都品級不高了。要看實際格局狀況而定。

一個人命格『貴不貴』？如何『主貴』？會『主貴』到什麼程度，其實一看其『陽梁昌祿』格的形式，便一目瞭然了！

現在就讓我們一起來討論這十二個命盤格式的正牌與折射的『陽梁昌祿』格吧！

1 『紫微在子』命盤格式中之『陽梁昌祿』格之形式與成就高低

在『紫微在子』命盤中有三種可以形成『陽梁昌祿』格的形態，一種是以四方宮位形態形成，一種是以三合宮位形成。另一種是折射形態的『陽梁昌祿』格。以下來分析它們的格局高低狀況。

⑴ **以『子、午、卯、酉』四宮四方宮位十字標所形成之『陽梁昌祿』格。**

因此子、午、卯、酉四宮要有文昌、祿星(化祿及祿存)進入，才行。此為正宗的『陽梁昌祿』格。但需無煞相刑剋。

1.紫微在子

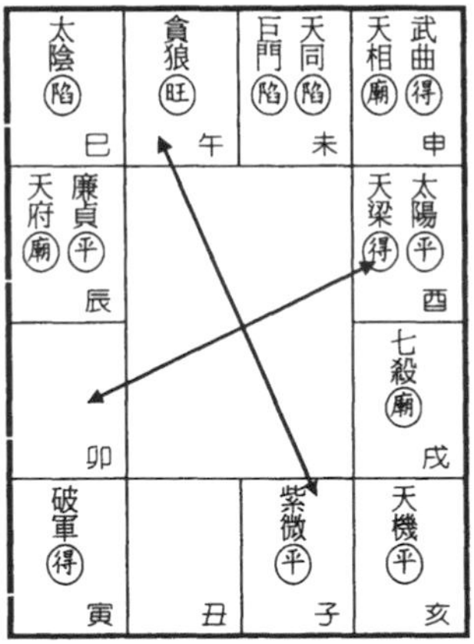

太陰(陷) 巳	貪狼(旺) 午	巨門(陷) 天同(陷) 未	天相(廟) 武曲(得) 申
天府(廟) 廉貞(平) 辰			天梁(得) 太陽(平) 酉
卯			七殺(廟) 戌
破軍(得) 寅	丑	紫微(平) 子	天機(平) 亥

在此『子、午、卯、酉』四方宮位的『陽梁昌祿』格中，其實會發生陽、梁、昌、祿四顆星皆聚集在酉宮，也可能有文昌及化祿星或祿存星分散在子、卯、午宮的狀況。

我們若要探究其格局的高低，首先就要先看太陽、天梁這兩顆主星的旺弱。在『紫微在子』命盤格式中的這個格局中，其實太陽居平、天梁居得地之位，是日落西下，力不從心的狀況。此格局也容易中年以後會怠惰、提不起勁來。而且天梁只在得地的位置，名聲是有，會較晚得到。

另外，更重要的是要看文昌與祿存或化祿的落點。如果此『陽梁昌祿』格是文昌在酉宮居廟或在子宮居旺的話，會做較文質、高級的工作，也會精明幹練，氣質不凡。考試、升官會得到性格悶悶的、態度很低調的貴人的幫助。當然有此格局的人，自己本身也最好低調一點，才能讓貴人看得順眼來幫你。此時就要看祿星的旺弱，來看你能因貴格得財的利益有多少了。

如果乙年生的人有祿存在卯宮或辛年生有祿存在酉宮，其人會因此『陽梁昌祿』格而得保守的財，做公務員，或教書先生，或區公所小職員，偶而有些作文之比賽，書法比賽出些小名，便十分滿足了。如果你志氣很高，要去唸個有名大學畢業，也是有可能的。

在『紫微在子』的這個四方宮位的『陽梁昌祿』格中，要以午宮有『貪狼化祿居旺、擎羊』的格局，財祿稍多，但仍算是被刑剋的，有對宮的紫微來平復也算還好。其次是壬年生有『太陽、天梁化祿』同宮的祿，第三

▽使你升官發財的『陽梁昌祿』格

是庚年生有『太陽化祿、天梁、擎羊』的財祿，財祿並不多，會有包袱或辛苦的生活，此時如果文昌居旺，會有窮儒色彩的生活。如果是文昌在午宮居陷的話，則容易根本沒注意到『陽梁昌祿』格。或會以田徑、籃球、球類運動或游泳等運動起家發展，年輕時有一段出名的時間，但稍縱即逝，時間不長久。

羊陀火鈴

十干化忌

(2) **以『酉、巳、丑』三合宮有文昌、祿星所形成之『陽梁昌祿』格。**因此，『酉、巳、丑』三宮要有文昌及祿星進入才算。

1.紫微在子

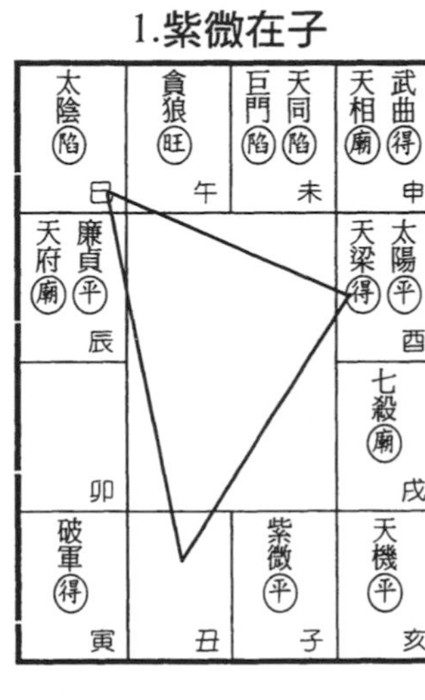

在此所形成之三合宮位的『陽梁昌祿』格，不論文昌星是落於巳、丑、酉三宮之任何一宮位，文昌皆居廟位，故代表文質、精明的思維能力都是一流的。但是要小心祿星帶財的問題。**自然庚年生人有『太陽化祿、天梁、**

擎羊』和壬年生人有『太陽、天梁化祿』在酉宮，其人生層次和主貴狀況是和前面在四方宮位的狀況是一樣的。庚年生的人，會『貴不足』，無法有高職位和大錢財的，而且收入也普通，夠生活而已。而壬年生人，會有包袱而做事多方顧忌，做做停停，或有中年怠惰的問題。

如果是辛年生的人，有『太陽化權、天梁、祿存』，三合處又再有文昌來會，是此命盤格式中最佳的『陽梁昌祿』格之格局了。雖然太陽化權居平不強，但生活會有保障，雖保守，有中等主貴及中等富貴格局，這樣的人生已好過太多人了。

『明珠出海』格必須和此『陽梁昌祿』搭配才成

另外，有一個重要的格局必須在此一提的『明珠出海』格，多半會搭配此種三合宮位的『陽梁昌祿』格才**能榮登金榜，有被選為『駙馬』的資**格。

『明珠出海』格之條件為：有左輔、右弼相夾未宮的命宮『天同、巨門』。或有左輔、右弼相夾遷移宮之空宮。此兩者皆必須『陽梁昌祿』格完備才行。左輔、右弼是月系星，故嚴格的說：同巨坐命，又生於三月或九月的人，又生於丑時、巳時、酉時，又生於丁、戊、辛、壬年最好了，能夠使『明珠出海』格成局。生年不同，人生財富、主貴格局大小仍有不同。

『明珠出海』格様式(一)

1. 紫微在子

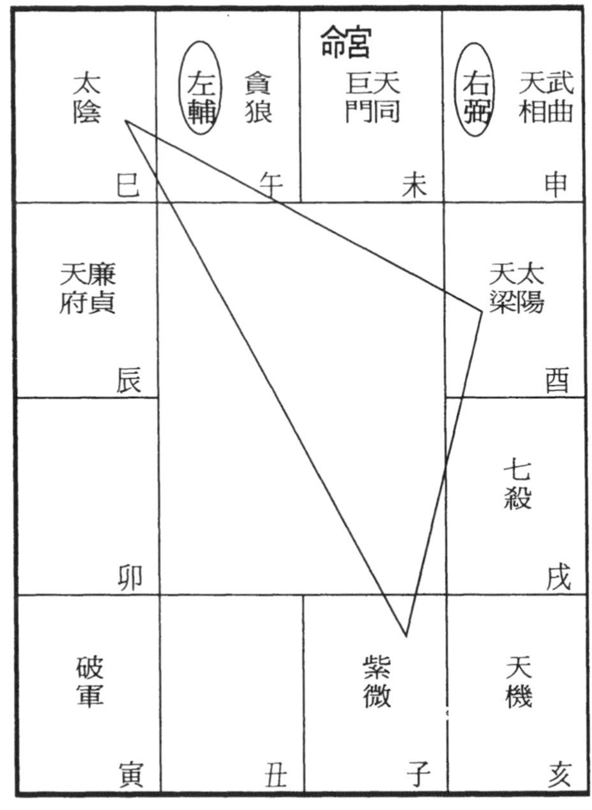

『明珠出海』格様式(二)

1．紫微在子

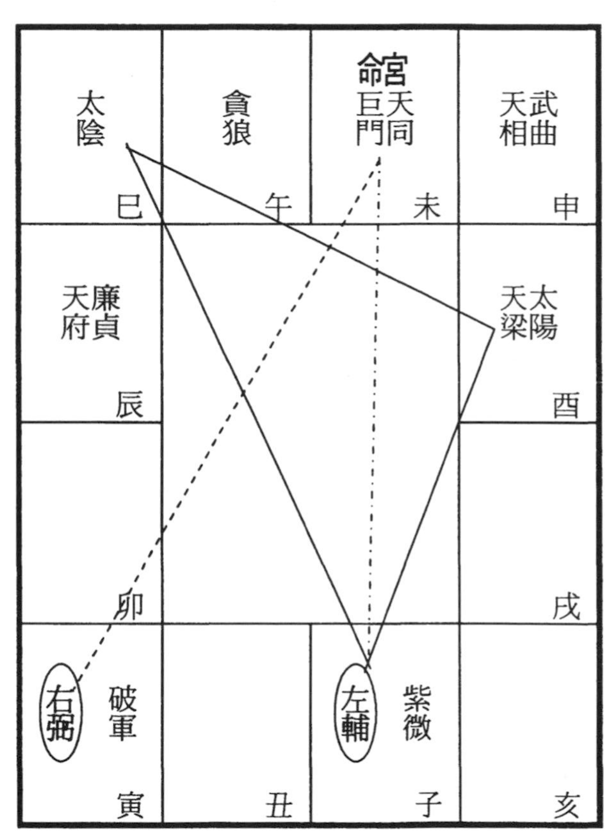

(3) **以『酉、巳、丑』三合宮位所形成的折射的『陽梁昌祿』格。**因此，有卯、亥、未三宮有文昌、祿星進入才行。

1.紫微在子

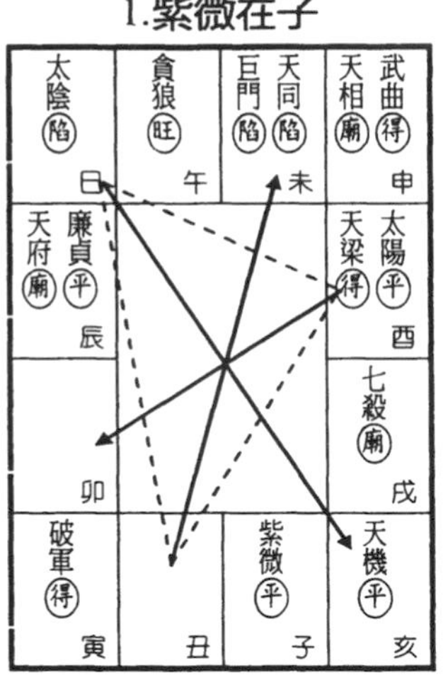

折射的『陽梁昌祿』格，完全是因三合宮位的三個宮位各有三個對宮而形成的。例如乙年生人，有祿存在卯宮，相照酉宮的『太陽、天梁』，如果再有文昌進入卯、酉宮，是相照的『陽梁昌祿』格，還算正牌、正式的。如果文昌在巳宮或丑宮，如此就會形成折射的『陽梁昌祿』了。

又例如：辛年生有『天同、巨門化祿』在未宮，相照丑宮，在巳、酉、丑宮再有文昌，則可形成『陽梁昌祿』格。但是辛年生人有文昌化忌，雖然文昌化忌在巳、酉、丑宮皆居廟，但仍算破格。其人會繞了一大圈遠路再回到人生主貴的格局上來。也就是說：人生會浪費很多時間才能回到邁向成功的正途來。

移民　投資方位學

如何推算大運　流年　流月

2 『紫微在丑』命盤格式中之『陽梁昌祿』格之形式與成就高低

（此盤局皆折射的『陽梁昌祿』格）

在『紫微在丑』的命盤格式中，因為太陽星和天梁星的位置不佳，只相隔一個宮位，可以說是。90以下了，是銳角的狀況，因此稍有刑剋。如此要形成『陽梁昌祿』格的話，也只有折射才能形成了。某些嚴格的命理家是認為不能算是、不能形成『陽梁昌祿』格的。但是根據我數十年算命的經驗，發現此命盤格式的人，仍會在冥冥之中利用此折射的『陽梁昌祿』格而在人生中大顯身手。具有主貴格局的。

現在就來看看：主要以太陽的對宮所形成的三合宮位，會把天梁星三合起來。而天梁星的對宮所形成的三合宮位也會把太陽三合起來，因此而形成兩套有折射形成的『陽梁昌祿』格了。

(1) **以『申、子、辰』三合宮位和戌宮的太陽折射而成之『陽梁昌祿』格。**

因此，必須在申、子、辰、戌等宮有文昌及祿星進入才行。

2.紫微在丑

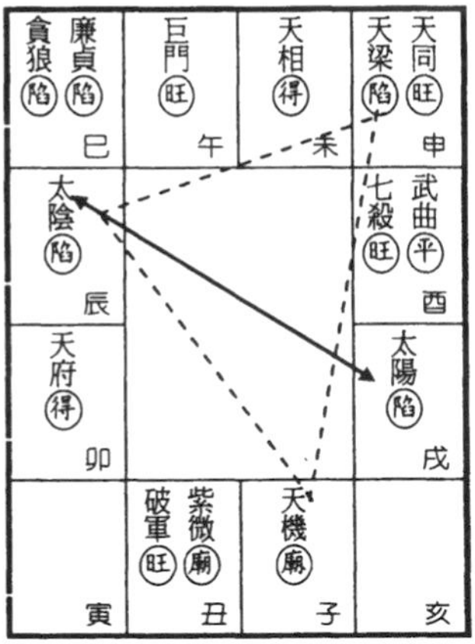

貪狼(陷) 廉貞(陷) 巳	巨門(旺) 午	天相(得) 未	天梁(陷) 天同(旺) 申
太陰(陷) 辰			七殺(旺) 武曲(平) 酉
天府(得) 卯			太陽(陷) 戌
寅	破軍(旺) 紫微(廟) 丑	天機(廟) 子	亥

在此『陽梁昌祿』格中，因太陽居陷，天梁也居陷，其實『陽梁昌祿』格的層級度數不高。如果文昌在申、子、辰等宮居旺的話，還有文質工作可做，人也頭腦清楚、精明幹練稍多一點，有計算能力，但不論祿星中是化祿星或祿存星落在申、子、辰、戌等宮，其人最多有一點考試運，做低

層公務員的命。其實通常不太用得到此『陽梁昌祿』格的。而且要看流年是否逢到，申年、子年、辰年、戌年才有一點點考試運，稍能上榜，或候補的，要碰機會才有升官運。

我的一位老同學正是丁年生具有此折射的『陽梁昌祿』格的人，本命是『天同、天梁、文昌』在申宮，財帛宮有太陰化祿居陷，相照福德宮的太陽落陷。別人都不認為他有考試運的。但是他從市府的小職員做起，每年參加各種升等考試，老實說，他從小成績並不太好，可是年年考，不一定考得上，偶而考上了，就升了一點小官，加了一點薪資。他喜歡到一些較冷門的、或奇怪的機關去上班，因此相爭的人並不多，最多一、兩個，常根本沒有競爭者。他最初在市府做打雜事務的小職員，不知參加了什麼考試，居然到市立療養院(精神病院)上班。常辦一些美術活動。而且主張以提倡讓有精神疾病的病人從繪畫中解放壓力。據說成果還十分好。後來又去考試，又考到民政廳的職務，主管宗教的事了。他每次對同事不滿，就跑來找我訴苦，又要來看考試運了。因為他的夫妻宮有『巨門化忌、祿存』的關係，心裡常嘀嘀咕咕不清閒，又覺得同事嫉妒他、排斥他了，又覺得同事太笨了，工作全丟給他了，因此一生氣就要再考試，藉考試升等再調到別的部門去。因此表面看來，他還蠻上進的，一直在力爭上游嘛！現今五十多歲了，職位也愈爬愈高。你說，這個別人不承認的折射的『陽梁昌祿』格是否真實存在呢？

再要注意一點的事：此格中不論是化祿或祿存，皆無大富大貴的財富。只有衣食之祿而已。因為如果是太陽化祿，則是居陷帶化祿，財很少啦！如果是天梁化祿，也居陷，財也少，又有包袱麻煩。如果是太陰化祿居陷，是公務員少少的薪資，別無他財。因為祿存在夫妻宮被巨門化忌沖破了。如果此盤局的『陽梁昌祿』格是祿存組成的話，因祿存為保守的財，為衣食之祿，也不會有大財進，只有吃穿可溫飽之財而已。

(2) **由申宮的『同梁』直射寅宮，再與戌宮的太陽在『寅、午、戌』三合宮位形成折射的『陽梁昌祿』格。**因此，寅、午、戌、申等宮要有文昌及祿星入宮同坐才行。

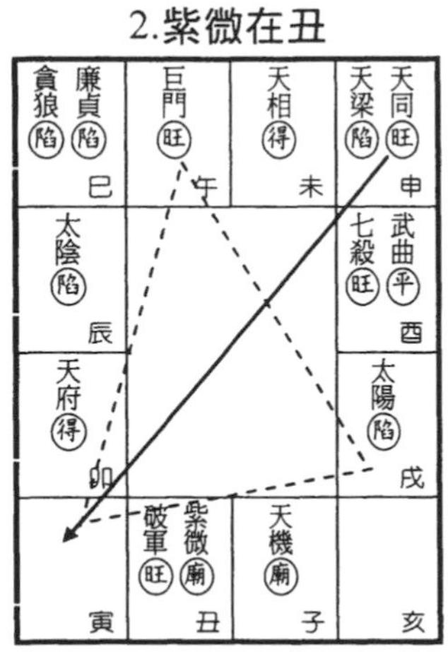

在此形成的折射的『陽梁昌祿』格中，因為太陽和天梁仍是居陷位的，故能主貴的層級不高。其次因為文昌在寅、午、戌也居陷的關係，故其人難做文職，或從武職(軍警業)，或做運動員起家，會有較好的發展。

另外，**祿星的問題**：如果是丙年，有『天同化祿、天梁』在申宮，又再有文昌也在申宮，則此格局之規格會較高，其人成就會自然享福而唸書又得財祿，其財祿會比此命盤格式中之其他人較高。

如果祿存在午宮出現，是丁年或己年生人，薪資會稍多一點，吃飯錢會稍多一點。若是甲年生人，祿存在寅，但有太陽化忌，故為折射的『陽梁昌祿』格之破格，不成格局而無用。祿存不臨戌宮(墓宮)。故整個的來講，『紫微在丑』命盤格式中的折射的『陽梁昌祿』格，是聊勝於無的層級格式。其人的成就也就在於一般平民大眾之間的格局層次了。

3 『紫微在寅』命盤格式中之『陽梁昌祿』格之形式與成就高低

在『紫微在寅』的命盤格式中，主要是以亥、未、卯三宮形成的三合宮位的『陽梁昌祿』格及以亥、未、卯三宮相照宮位所形成之折射的『陽梁昌祿』格這兩種形式出現。

因為基本上此命盤格式中的太陽居陷，表示人生起伏大，工作效力未必好，以及有中年以後怠惰、在男性社會中競爭力較弱，以及其人本性也會性格較悶，不開朗，要小心三合宮位上再有擎羊出現，有鬱悶會自殺的傾向。此太陽陷落在亥宮，是極度黑暗，一點光亮都沒有的狀況，幸虧有天梁居旺，也還好，這表示要默默讀書，賣力做研究，總有出名的一天。但一定要花費很多時間，窮極一生的心力才會成功。天梁也表示有貴人會暗助。因此此格局中，明求會無用，默默等待，或暗求，會有貴人相助成功。

(1) **以『亥、未、卯』三宮形成之『陽梁昌祿』格**。因此亥、卯、未三宮有文昌、祿星進入無煞星相隨，就為格局純正。

3.紫微在寅

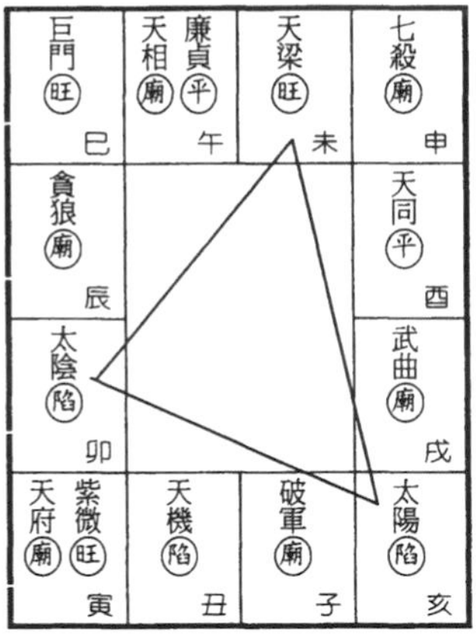

巨門(旺) 巳	天相(廟) 廉貞(平) 午	天梁(旺) 未	七殺(廟) 申
貪狼(廟) 辰			天同(平) 酉
太陰(陷) 卯			武曲(廟) 戌
天府(廟) 紫微(旺) 寅	天機(陷) 丑	破軍(廟) 子	太陽(陷) 亥

在此形式中，文昌在亥、卯、未居平，是故精明度與學習力會平平。不算很強。再以祿星來論：**如果有太陽化祿的話**，因居陷的關係，事業不會很高和財祿不會很多。若以讀書來論，可有高學歷。衣食無缺，可做基層公務員、教書職務。

如果有『天梁化祿』的話，表示能得貴人財，也會有名聲及地位高。其人做學者，做公司大老闆、企業總裁皆有機會。但要小心錢財上的是非麻煩，因有『武曲化忌、陀羅』在命盤上，要小心狗年的流年不佳的問題。

如果有太陰化祿在格局的三合之位上，在卯宮，是居陷位的，故具有少許的薪水之資，做薪水族，或公務員也職位未必很高。是辛苦的中產階級罷了。

如果是祿存之財星，則不論是在卯宮或亥宮，皆不旺。因卯宮為五行屬木之宮位，木會剋土，祿存為五行屬土之星，在卯宮受剋嚴重，故財富不多，只為衣食之祿。在亥宮，是屬水的宮位，祿存在亥是水土相剋也不吉，財不多，也是只有衣食之祿。祿存不會在未宮出現，故不論。

因此在『亥、未、卯』三宮形成之『陽梁昌祿』格中，以天梁化祿居旺為最強的格局形式。

(2) **以亥、卯、未三宮，各自相照宮位，有文昌、祿星進入，無煞星相隨，即為有折射的『陽梁昌祿』格。**例如此盤中丑宮、酉宮、巳宮有文昌、祿星出現即是。

3.紫微在寅

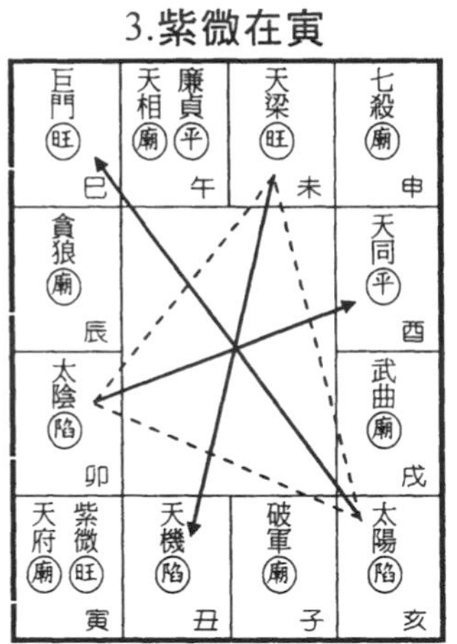

在這些折射的『陽梁昌祿』格中，以辛年、巳時所生的人，**有太陽化權居陷在亥宮，相照巳宮的巨門化祿、文昌，再和未宮的天梁**所形成之折射的『陽梁昌祿』格，能做極高的教書職位，做到大學教授不成問題。否

則也能做個演講家。是個口才極佳，能說一套大道理的人。並且靠口才得財很多。

其次是：**壬年生、卯時或酉時生的人。以酉時較佳**。因卯時有『文昌、文曲』並坐在未宮，文昌居平，文曲居旺。酉時有『文昌、文曲』並坐丑宮居廟。而壬年生有天梁化祿居旺在未宮，出生於卯時是正格。出生於酉時的人才是折射的『陽梁昌祿』格，此種格局，會有貴人幫忙生財。例如有貴人幫忙找工作，貴人幫忙考試晉升，貴人幫忙有名聲響亮之事。並且再加上，『文昌、文曲』並坐時為桃花格局，尤其在丑宮最強，也會因為本身美麗、氣質好、文筆佳，帶來桃花吸引貴人來幫忙。如此的話，情和色就會成為該人之包袱。因為天梁化祿就是會帶有包袱的問題。

庚年又卯、酉時生之人，有太陽化祿居陷，再加文昌、文曲和天梁在未宮或丑宮時，因為有的是太陽化祿，是和性格悶悶的男人緣份，便不會有桃花色情的問題了。

另外，**像丙年生有天同化祿在酉宮**，由卯宮之太陰照射過去的，如此折射的『陽梁昌祿』格，其實很弱了，最好是太陽或天梁相照的宮位才會強。這個形式中其實會有祿存在巳宮與巨門同宮，巳宮和亥宮的太陽直接相照，故此形式應直屬於由太陽折射的『陽梁昌祿』格才對！

再一提的是：**丁年生的人，有太陰化祿和太陽、天梁在卯、亥、未三宮三合照守**，再有，文昌在此三宮就是正牌的『陽梁昌祿』格。此時雖有『巨門化忌』在巳宮相照太陽，雖有口舌是非，但無妨。但是如果有文昌在巳宮和巨門化忌一起同宮的話，問題就會嚴重了，這個人就會在智慧上、口才上、條理上、精明上有點亂七八糟了，而且其人生也未必走以讀書考試往上爬的路了。他會以愛做生意，愛賺錢，辛苦的繞了遠路而不一定能走回正途上，虛擲光陰，更會一事無成。這也是文昌被巨門化忌所破之故。

4 『紫微在卯』命盤格式中之『陽梁昌祿』格之形式與成就高低

在『紫微在卯』命盤格式中之『陽梁昌祿』格是正牌，主要是以子、午、卯、酉四方宮位所形成的。這個形式中因太陽居陷，會人生中有一段晦暗日子，例如十年寒窗無人問之狀況，以及人生中有事業低潮或是繁華後又有低潮，這完全要看大運的狀況而定。但因有天梁居廟，是故會有貴人指引、相幫助，而可達到主貴，受人尊敬的高位。**但此形式最怕己年生人，會有天梁、祿存與文曲化忌同宮**，文曲化忌會壞了天梁的使人成名的優良功能，而功虧一潰。這種命格的人還真是有！其人會一生努力，但始終無法成名，也無法考上第一名，非常悲哀！而且又是『祿逢沖破』，是無法得貴人財的。

(1) **以子、午、卯、酉四方宮位呈十字形所形成之『陽梁昌祿』格。**因此，在子、午、卯、酉四宮有文昌及祿星存在皆有『陽梁昌祿』格。

4.紫微在卯

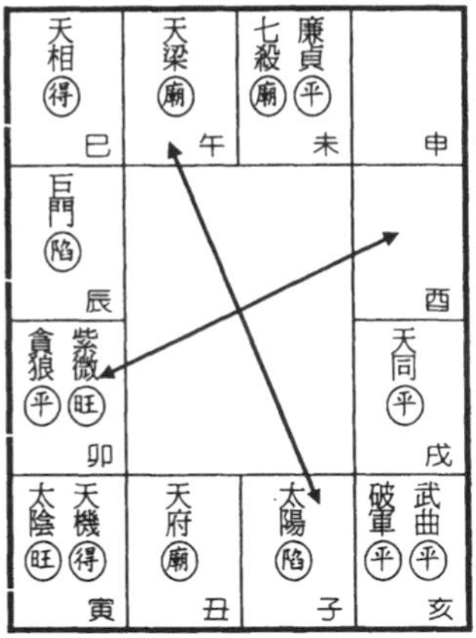

天相得 巳	天梁廟 午	七殺廟 廉貞平 未	申
巨門陷 辰			酉
貪狼平 紫微旺 卯			天同平 戌
太陰旺 天機得 寅	天府廟 丑	太陽陷 子	破軍平 武曲平 亥

在『陽梁昌祿』的正格中，**如果文昌及祿星(祿存或化祿)在兩翼卯宮或酉宮出現，實際上這個『陽梁昌祿』格也很強的。**例如戊年生有紫微、貪狼化祿在卯宮，再有文昌同宮(未時生)。有一位朋友的女兒，從小隨父母在法國留學時長大，很年輕，在三十歲以前就拿到兩個博士學位回台教

書了，生活一直很平順舒適。此命格是：自己本身有才學兼備的氣質、聰明，又有貴人高高在上的強加照顧而使其人一帆風順的前進。但有時他們是會很低調的待人處世的。

在此形式中：最怕甲年生有太陽化忌在格局中，為破格無用，也造成人沒有成就，能力不佳。一生多波折。黑暗、是非多。其次，也怕壬年生人，雖有天梁化祿在午宮，但會有擎羊和居陷的太陽同在子宮，人生中爭鬥是非多。前總統李登輝先生即是本命坐於此種『陽梁昌祿』格之上的人。

李登輝 先生命盤

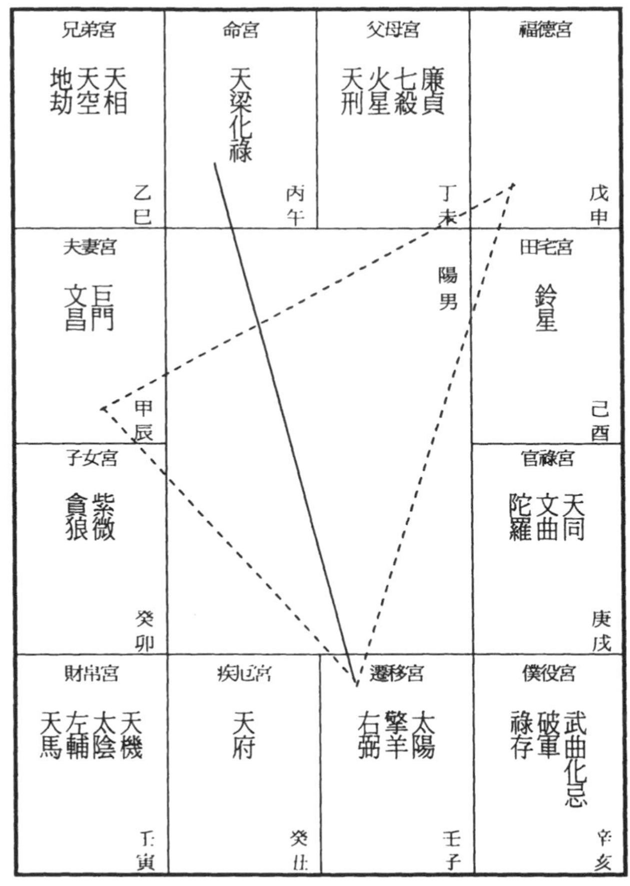
兄弟宮
天相
天空
地劫
乙巳
命宮
天梁化祿
丙午
父母宮
廉貞
七殺
火星
天刑
丁未
福德宮
戊申
夫妻宮
巨門
文昌
甲辰
陽男
田宅宮
鈴星
己酉
子女宮
紫微
貪狼
癸卯
官祿宮
天同
文曲
陀羅
庚戌
財帛宮
天機
太陰
左輔
天馬
壬寅
疾厄宮
天府
癸丑
遷移宮
太陽
擎羊
右弼
壬子
僕役宮
武曲化忌
破軍
祿存
辛亥

李登輝先生的命盤因文昌在辰宮，故也應該歸類於後面由申、子、辰宮折射的『陽梁昌祿』格之類中。因為李登輝先生之八字好，再加上卯、酉宮形成有『鈴貪格』故能當上中華民國之總統。一般常人之八字，而有此命盤與『陽梁昌祿』格之人，則未必能做到總統。

在李登輝先生的『陽梁昌祿』格當中，因天梁化祿居廟，是靠貴人得祿(得利)，又會帶有包袱的。又因本身的環境極險惡，就是男性爭鬥極凶的環境，又有人來愈幫愈險惡。但其人一生會在險中求貴、求生存。其八字：**日主戊子生子月，為正財格，**天干上有雙戊剋雙壬，雙壬為偏財，支上午戌會火局，為蔭局，卻又子戌相穿，子戌相穿兩次，還有子午相沖，屬於六親無靠之命格。就是午戌會火局會得好，在較遠處有貴人，也因為四十歲以前都運不好，四十歲才去唸博士。接著走到丙、丁運、戊運而能接到總統大位。在其八字中，只有戊子日、子卯有癸水，戊癸相合，是配偶會和他共度一生的人。在他的八字中較特別的是，蔭局幫忙他主貴，但他主貴後反剋父母、祖先、長輩，這也是八字中的一種格局：『生我後又剋他』。我想當初蔣經國總統會選他做繼承人，也早就知道其命格會如此了吧！這也是後來李登輝很多做人做事會變化多端的原因吧！前些時候放出想去中國大陸訪問的消息。對於一個曾經為反叛的共產黨員來歸，不知中國共產黨會舉雙手將之擁入懷抱嗎？

(2)由申、子、戌或寅、午、辰三合宮位處有文昌、祿星進入，形成折射的『陽梁昌祿』格，但會效果較次之。上圖中，在申、辰二宮有文昌、祿星進入。以及在下圖中，在寅、戌二宮有文昌、祿星進入皆為折射的『陽梁昌祿』格。

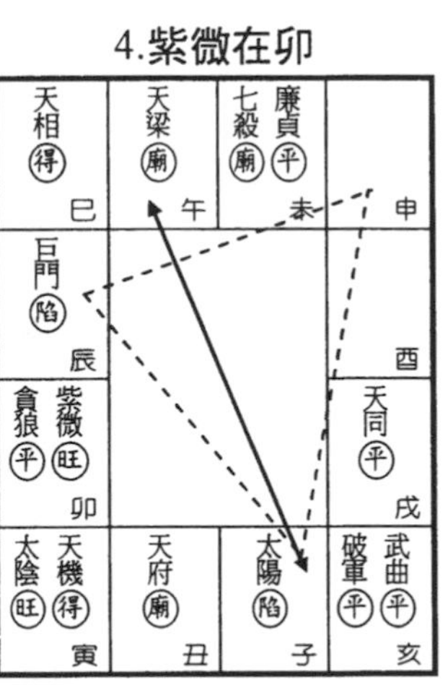

4.紫微在卯

天相(得) 巳	天梁(廟) 午	廉貞(平) 七殺(廟) 未	申
巨門(陷) 辰			酉
紫微(旺) 貪狼(平) 卯			天同(平) 戌
天機(得) 太陰(旺) 寅	天府(廟) 丑	太陽(陷) 子	武曲(平) 破軍(平) 亥

在這兩個三合的折射的『陽梁昌祿』格中，會因文昌的居旺、居陷，而所從事的工作與學習有所不同，有時候所得的財富也會有高低之分。**在以申、子、辰三合所形成之折射的『陽梁昌祿』格時**，因文昌居旺再加上

祿星也居旺的話，財力會很大。但如果是辛年生，有巨門居陷化祿的話，則主貴的成分高，財祿並不多，但可以拼命達成工作，使地位高後，自然而然帶來財富。如果是有祿存在申、子、辰、午等宮的人，其人較保守，只有中等格局的命格，則無法衝到像李登輝先生一樣的地位了。

在以寅、午、戌三合宮位所形成之折射的『陽梁昌祿』格時，會因文昌在此三宮居陷，而精明，計算能力較差！氣質也會粗俗，會使整個的格局層次下降，無法有太高的成就與財富。縱使稍有一點名聲，也會曇花一現，不長久。若以祿星來論，**壬年生有天梁化祿，能得貴人財，是此折射的『陽梁昌祿』格中最高的層次了**。其他如乙年生人，有『天機化祿、太陰化忌』在寅宮三合照守，是『祿逢沖破』，會導致其人未必會利用此折射的『陽梁昌祿』格來使人生增高。也可能東做西做，想賺錢又賺不到而痛苦吧！

其他又如丙年生，有天同化祿在戌宮，最好要戌時生人，文昌化科在子宮，否則也是無財祿，也無智慧來力求上進了。

5 『紫微在辰』命盤格式中之『陽梁昌祿』格之形式與成就高低

在『紫微在辰』命盤格式中之『陽梁昌祿』格，其實生在丑時、巳時、酉時，再加上有祿星，例如丁年生有太陰化祿，庚年生有太陽化祿，壬年生有天梁化祿，或丙、戊年生有祿存在巳宮，或辛年生，有祿存在酉宮，都能形成正牌的『陽梁昌祿』格。

折射的『陽梁昌祿』格則是以巳、丑、酉三宮相照的宮位所存有文昌或祿星而形成。

(1) **以『丑、巳、酉』三合宮位所形成之『陽梁昌祿』格。在丑、巳、酉宮有文昌、祿星進入即是。**

▼使你升官發財的『陽梁昌祿』格

5.紫微在辰

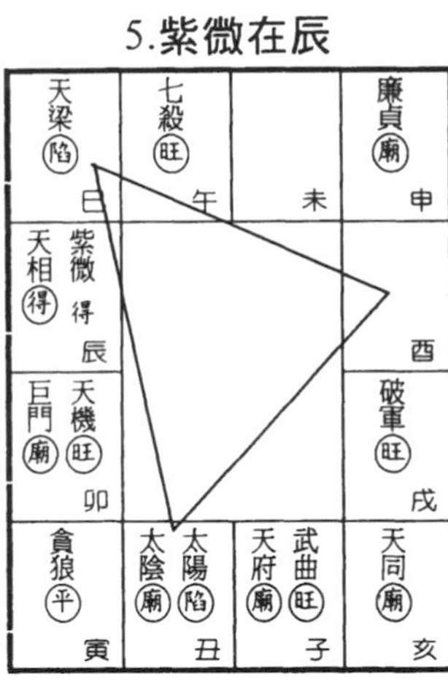

在此『陽梁昌祿』格中，格局較高的是丁年生有太陰化祿和太陽並坐丑宮，如果文昌、文曲並坐又居旺，則代表此『陽梁昌祿』格是帶有桃花及陰財的格局，如果是男性有此格局，則表示有妻財，或有女性貴人，因相戀而使其人地位增高。但也會發生在讀書的場合和地方。『陰財』是女人之財與房地產之財，與銀行之財。因此其人也會因有此格局會唸書，娶嬌妻，得妻財（妻為富家女），或嫁妝多，或妻子帶來大筆房地產。如果是女性有此命格，則代表因桃花而致富。或者是本身財力好，而嫁貴夫。

在此形式中，**格局較次等的，是壬年生有天梁化祿在巳宮的格局**，因為對宮亥宮也會有祿存和天同相照，代表勞祿，有包袱，因本身天梁居陷帶化祿，故貴人幫助不多，主貴的格局也並不強，出名的機會縱使有，也難出大名。也常遭人拖累而無法出名。即使文昌在巳宮和天梁化祿同宮，也是精明、計劃多，但功虧一潰，操勞而無功，只為一般平凡人命格。

(2) **由丑、巳、酉三宮位相照之對宮，在未、亥、卯宮位有文昌及祿星進入時，為折射的『陽梁昌祿』格。**

5.紫微在辰

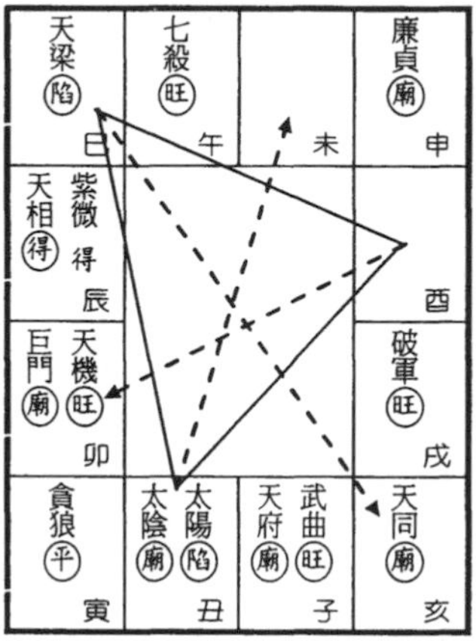

天梁(陷) 巳	七殺(旺) 午	未	廉貞(廟) 申
紫微(得) 天相(得) 辰			酉
天機(旺) 巨門(廟) 卯			破軍(旺) 戌
貪狼(平) 寅	太陽(陷) 太陰(廟) 丑	武曲(旺) 天府(廟) 子	天同(廟) 亥

此折射的『陽梁昌祿』格的形式中，文昌在亥、卯、未三宮皆居平，頭腦智慧不算很高，文質氣質與精明幹練之程度也普通，必須還是要有太陰化祿(丁年生)，人生會受益於此折射的『陽梁昌祿』格。薪水之資及銀行存款會多一點。

另外，**在亥宮有『天同化祿及文昌』相照巳宮的天梁**，所形成之折射的『陽梁昌祿』格，會有天生的福氣，由本命或父母家中有錢，而使此人的人生格局較高。其人會規規矩矩的，由別人幫忙安排，一生都不用操心的，由唸書、學習而得到固定的，中等以上的財富。

還有，**壬年卯時生，有文昌、文曲並坐未宮的折射的『陽梁昌祿』格**。會因天梁化祿居陷，及文昌居平的關係，亥宮也有祿存會相照巳宮的天梁化祿，使祿更小了。因此這個折射的『陽梁昌祿』格，做公務員可以，並不很強，在讀書方面也不強，且只能得到小利，不會因讀書而賺到大錢。

還有，在此形式中，**如果是辛年未時生，有文昌和天機、巨門化祿在**

卯宮，因卯酉相照，但酉宮為空宮，此時會有祿存進入，由原先的巳、酉、丑三合再加上文昌在卯的折射格局，其層次也不會太高，做普通教職能有一定的薪水財祿，一生平順而已。

但**如果是乙年未時生人，有『天機化祿、巨門、文昌、祿存』在卯宮**，但在『陽梁昌祿』格的主體結構中之太陽和太陰化忌同宮，因而形成太陰化忌對此貴格的刑剋。此人會不走此貴格正格，或走此路但無財可賺，前途也不見光亮，一生很難有作為。

又例如：章孝嚴先生之『陽梁昌祿』格是帶有文昌化忌的，故一生多轉折，也常有頭腦不清的時候。所幸是文昌化忌在巳宮居廟，只是偶而頭腦不清，及讀書也不一定很精明。而且文昌化忌和天梁同宮。天梁又陷落，因此在主貴上容易繞大彎，而不一定能達到。格局中的太陽帶化權卻居陷，又和太陰同宮，在事業及競爭力上是想爭但爭不過。

本命有祿存，是此『陽梁昌祿』格三合宮位的祿星，又是保守之星，故此命格為中等貴命，也為薪水之資的財祿而已。在八字上，章孝嚴先生是『籐蘿繫甲』格，靠祖先餘蔭生存而已，故也是貴不足矣。

章孝嚴 先生命盤

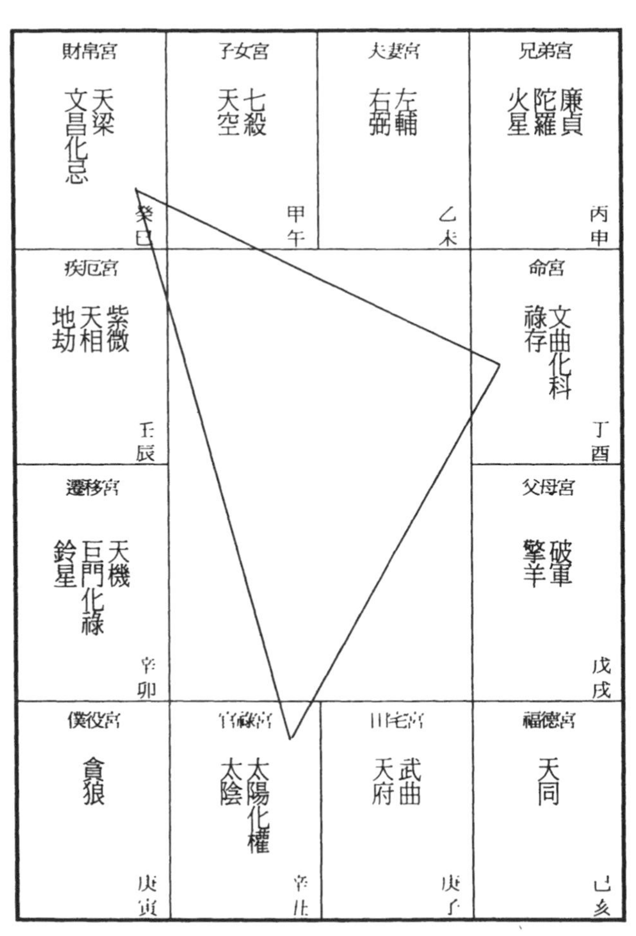
財帛宮
天梁
文昌化忌
癸巳
子女宮
七殺
天空
甲午
夫妻宮
左輔
右弼
乙未
兄弟宮
廉貞
陀羅
火星
丙申
疾厄宮
紫微
天相
地劫
壬辰
命宮
文曲化科
祿存
丁酉
遷移宮
天機
巨門化祿
鈴星
辛卯
父母宮
破軍
擎羊
戊戌
僕役宮
貪狼
庚寅
官祿宮
太陽化權
太陰
辛丑
田宅宮
武曲
天府
庚子
福德宮
天同
己亥

6 『紫微在巳』命盤格式中之『陽梁昌祿』格之形式與成就高低

(折射的『陽梁昌祿』格)

在『紫微在巳』命盤格式中之『陽梁昌祿』格之形式，基本上都是折射的。因為其命盤格式中之太陽和天梁兩星的位置相近，只相隔了一個宮位，既不在四方宮位上，又不在三合宮位上，算是略有刑剋的位置。但是，還是有名人以此特殊的折射的『陽梁昌祿』格之貴格來登上世界政治舞台而展現光輝。因此你也不能說折射的格局難道真的就很差嗎？這也不一定喲！

在『紫微在巳』中，主要是以(1)在辰宮的天梁照射到戌宮，再由在寅宮的太陽形成寅、午、戌三合而合住戌宮而形成的折射之『陽梁昌祿』格。(2)是以在寅宮的太陽照射到申宮，再由在辰宮的天梁組成三合宮位，三合

▽使你升官發財的『陽梁昌祿』格

居住申宮，而形成折射的『陽梁昌祿』格。這其中，太陽、天梁皆居旺、居廟，其格局如果能形成，則成就及貴人運都很強。但一般大眾卻不一定有機會形成此貴格。其次要看是太陽化祿或天梁化祿會增強此格局，在(1)跟(2)中有文昌在申、子、辰等宮居旺，精明度與智慧會較高，而在(1)中以武職、政治業較強。

如何尋找磁場相合的人

如何掌握你的桃花運

(1) 由辰宮的天梁相照到戌宮，再由『寅、午、戌』三合宮位三合而成之『陽梁昌祿』格，因是折射的，效果不強。但如果文昌、祿存在寅、辰、戌三宮出現，會強一點。

6.紫微在巳

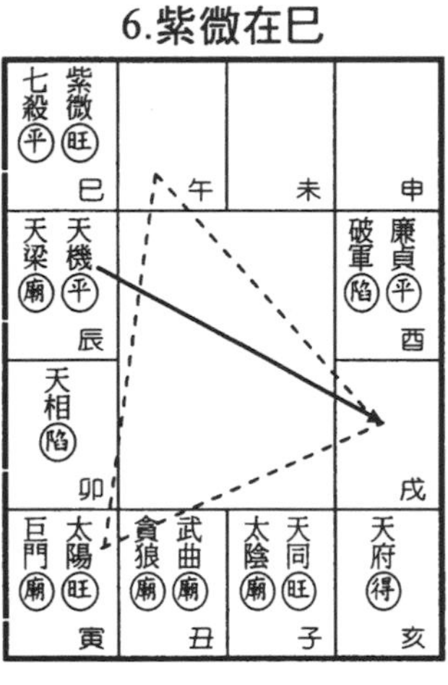

但是文昌在寅、午、戌宮為居陷，因此適合武職或運動類的運動員命格。不過，因為太陽居旺，天梁居廟的關係，也能有一翻大作為。只不過聰明度和精明度，計算能力較低而已。財祿也會少。此形式中，財祿會較多的，必須生於庚年，有『太陽化祿』在局中，壬年生有天梁化祿的人，偏財運不發，也不會大富，只是一般薪水族常人命格。如果寅、午二宮有祿存進入的，仍是保守的財，有衣食之祿而已，人生成就是不高的。

(2) 由寅宮的太陽相照到申宮，再由『申、子、辰』三合宮位，三合而成之『陽梁昌祿』格。也因是折射的，效果不強。如果有文昌、祿星在寅、申、辰等宮出現，會好一點。

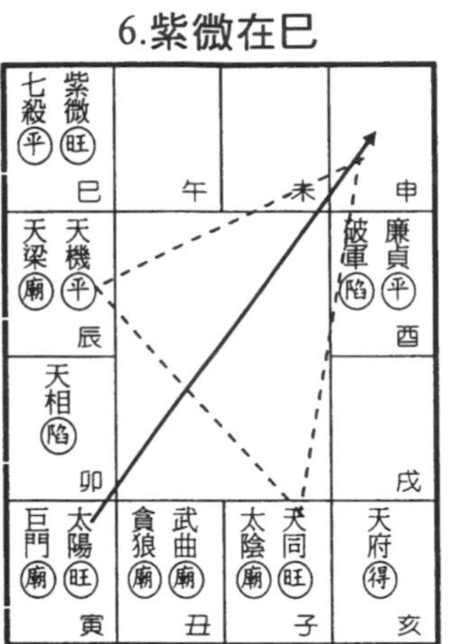

此形式中，因文昌在申、子、辰三合宮位皆居旺位，故其人會聰明幹練、計謀多，善於計算利害關係，是才智多謀之人。但一定要配合財祿，才能真正有效的達到利用謀略而得到利益的實在成果，否則有文昌而缺財祿的話，一方面『陽梁昌祿』格不成格局，再另一方面縱使再聰明、再多謀，是辦不成事的，常有空計算了一翻，十分可惜！

既有祿星，還最好是化祿。例如太陽居旺帶化祿，天梁居廟帶化祿，或丙年生的天同化祿或丁年生的太陰化祿，皆會在此格局中大放異彩的。

現在就讓我們來看看蔣夫人宋美齡女士的『陽梁昌祿』格

蔣夫人的命盤上很明顯的由寅宮的太陽射向申宮的文昌星，再由辰宮的『天機化科、天梁』來和申、子、辰宮形成三合，而祿星為太陰化祿居廟在子宮，它是和天同化權一起併坐的，因此這個『陽梁昌祿』格會自動享受福祿。但是我們也可看到在此格局中，太陽和巨門化忌同宮在父母宮，因此此格局會產生一些是非，或不一定走正常之路而達主貴之最高境界。例如宋女士在美國大學畢業後並未繼續修碩士、博士，而是以和蔣介石成婚，而坐上第一夫人之位，再插手國家大事的。但其最高榮譽是在1943年，在美國議會演講而享名聲遠播。

蔣宋美齡女士 命盤

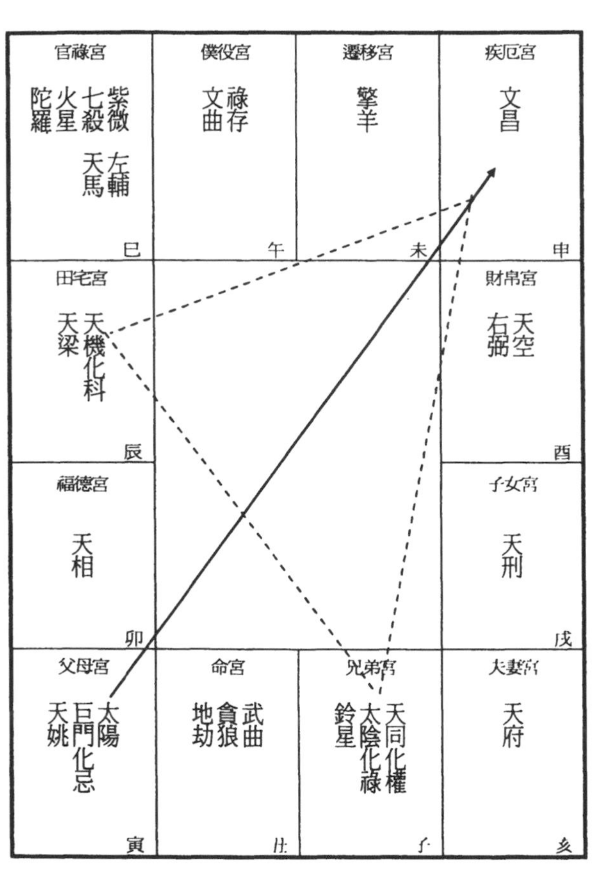

官祿宮
紫微
七殺
火星
陀羅
左輔
天馬
巳
僕役宮
祿存
文曲
午
遷移宮
擎羊
未
疾厄宮
文昌
申
田宅宮
天機化科
天梁
辰
財帛宮
天空
右弼
酉
福德宮
天相
卯
子女宮
天刑
戌
父母宮
太陽
巨門化忌
天姚
寅
命宮
武曲
貪狼
地劫
丑
兄弟宮
天同化權
太陰化祿
鈴星
子
夫妻宮
天府
亥

再例如：佛光山星雲法師之『陽梁昌祿』格

星雲法師是『紫微、七殺、陀羅、右弼』坐命巳宮的人。他的『陽梁昌祿』格是由在寅宮的太陽射向申宮的文昌，再由天梁在辰宮來三合起申、子、辰中的文昌和祿星，一舉而形成的折射的『陽梁昌祿』格。其中太陽、天梁皆居廟位，文昌居旺位，化祿是『太陰化祿居廟和居旺的天同化權、鈴星同宮』，真是可自然舒服的就慢慢達到有名望之高位了。也因為太陽和巨門化忌同宮，會異途顯達。天梁和天機同宮，貴人和名聲皆出智慧而成。本命因命、財、官、遷，福等宮煞星多，故會出家，但能建立佛光山為開山大師，成為是世界上最富有之宗教團體組織，這是非要有『陽梁昌祿』格而才能達到的呀！

星雲法師 命盤

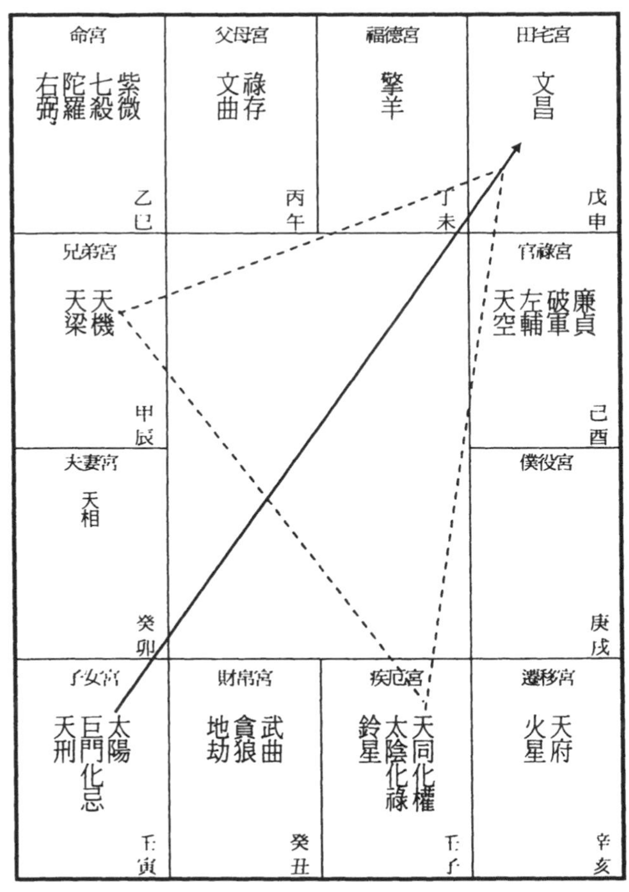
命宮
紫微
七殺
陀羅
右弼
乙巳
父母宮
祿存
文曲
丙午
福德宮
擎羊
丁未
田宅宮
文昌
戊申
兄弟宮
天機
天梁
甲辰
官祿宮
廉貞
破軍
左輔
天空
己酉
夫妻宮
天相
癸卯
僕役宮
庚戌
子女宮
太陽
巨門化忌
天刑
壬寅
財帛宮
武曲
貪狼
地劫
癸丑
疾厄宮
天同化權
太陰化祿
鈴星
壬子
遷移宮
天府
火星
辛亥

7 『紫微在午』命盤格式中之『陽梁昌祿』格之形式與成就高低

在『紫微在午』命盤格式中之『陽梁昌祿』格之形式的正格有兩種。一是由四方宮位所形成的。二是由三合宮位所形成的。另外折射的『陽梁昌祿』格，則是由三合宮位中的每一宮之對宮相照折射而來。

在『紫微在午』的命盤格式中，因太陽和天梁同宮並坐，又皆居廟位，因此成就會非常高，貴人運與考試運、升官運，也都非常強。因此，要比成就高下的話，就要以文昌星的旺弱及祿星的旺弱來看事業的大小與財富的多寡了。

府相同梁

(1) **由『子、午、卯、酉』四方宮位所形成之『陽梁昌祿』格。**無論文昌、祿星全集中於卯宮，或分散在子、午、卯、酉各宮中，皆算是此類型的四方宮位的『陽梁昌祿』格，也算是最正牌的『陽梁昌祿』格。

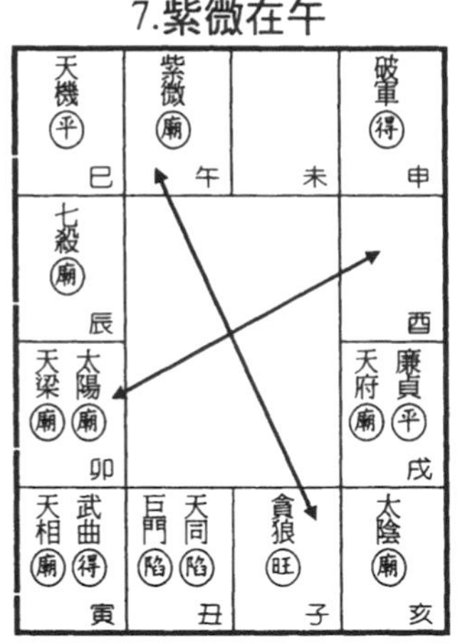

在此四方宮位的『陽梁昌祿』格中，文昌在酉宮居廟，文昌在子宮居旺、在卯宮居平、在午宮居陷。文昌居陷會精明度變低，不愛唸書，但仍有貴運及考試運，而且適合武職(軍警業)及運動員、球員的考試與出名等

的運氣。

祿星則要以庚年生，有太陽化祿居廟最佳，能有最高的職位之位置，而且能以工作帶來財富。如果是女性有此格局，一方面自己能出大名，能擁有工作上之高職位，掌權又得財富。另一方面也能嫁貴夫，擁有財官雙美有名望的夫婿，且夫婿也會給她帶來大財富。

如果是壬年生，有天梁化祿居廟，則有超級強大之貴人運、考試運，凡考必中，亦會受貴人提攜，並介紹工作給你，讓你賺到高薪，擁有財富。

其他，如果是祿存星入格局內，則以在午宮的祿存最旺最強，衣食之祿、薪水之資會最高。其次是在酉宮的祿存，再其次是在卯宮的祿存，最差的是在子宮的祿存，因子宮為五行屬水的宮位，祿存五行屬土，土臨水宮，水多土蕩，故財最少。

祿存在卯宮，是受剋，會形成較少之財祿。如果祿存和陽梁、文昌同宮在卯宮，也會將『陽梁』之貴格緊縮變小。因此雖然有考試運考得上，也會有斯文、靈巧的心、善於計算，會找一個安定保守的工作，或考國家考試，分發為公務員就不太要變動了。以後非到萬不得已，否則也不想再考試努力了。

還好，馬英九總統是庚年生，有太陽化祿在格局中的人，而且『陽梁昌祿』四顆星全聚集在卯宮，也全聚集在官祿宮，因此事業能做到最高，從小讀書也最優，順理成章、按部就班的拿到博士學位學歷，與官運也還一直不錯，能長期得到貴人及長輩的照顧。也能帶來極高的名聲成就。

在此四方格局的『陽梁昌祿』格的形式中，還有另一位知名之士的貴格和命格和前者馬英九先生類似。這是日本大導演黑澤明的命格。同樣是庚年生，有太陰化忌在命宮，同樣有『太陽化祿、天梁在官祿宮』，但黑澤明先生的文昌在午宮居陷，和紫微同宮，而官祿宮又多了一個地劫星。因此事業走了不同方向，也會有斷斷續續不順的時候。有一年豬年逢太陰化忌的流年，居然還心情鬱悶自殺呢！但是他每逢卯年就會得大獎，多次得到義大利及坎城影展的大獎，都在卯年。

馬英九先生 命盤

遷移宮 天機 右弼 辛巳	疾厄宮 紫微 地劫 壬午	財帛宮 陀羅 癸未	子女宮 破軍 祿存 火星 甲申
僕役宮 七殺 天空 庚辰		陽男	夫妻宮 擎羊 左輔 乙酉
官祿宮 太陽化祿 天梁 文昌 己卯		庚寅年	兄弟宮 廉貞 天府 文曲 丙戌
田宅宮 武曲化權 天相 戊寅	福德宮 天同化祿 巨門 己丑	父母宮 貪狼 戊子	命宮 太陰化忌 文曲 丁亥

黑澤明 先生命盤

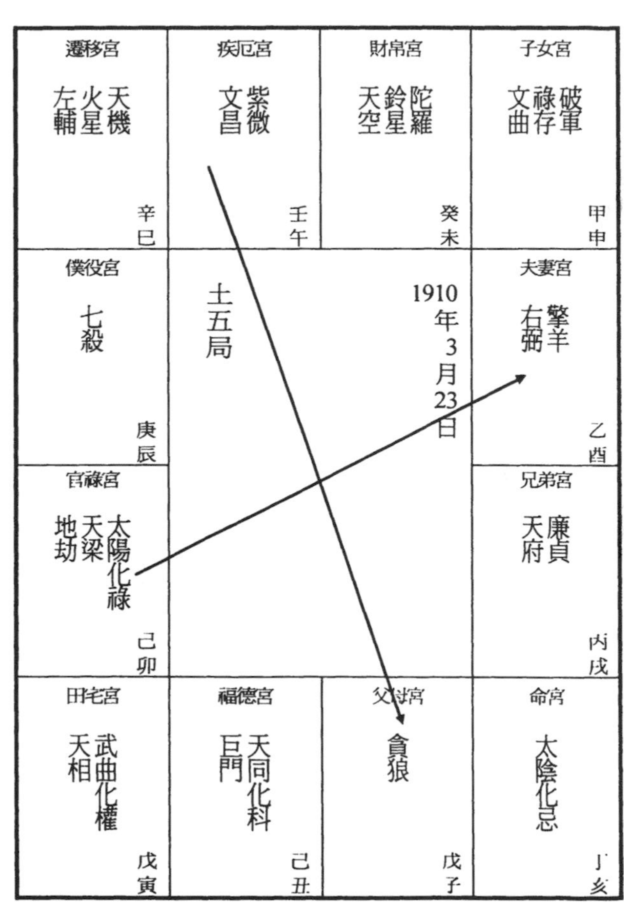

遷移宮 天機 火星 左輔 辛巳	疾厄宮 紫微 文昌 壬午	財帛宮 陀羅 鈴星 天空 癸未	子女宮 破軍 祿存 文曲 甲申
僕役宮 七殺 庚辰	土五局	1910年3月23日	夫妻宮 擎羊 右弼 乙酉
官祿宮 太陽化祿 天梁 地劫 己卯			兄弟宮 廉貞 天府 丙戌
田宅宮 武曲化權 天相 戊寅	福德宮 天同化科 巨門 己丑	父母宮 貪狼 戊子	命宮 太陰化忌 丁亥

(2)由『卯、亥、未』三合宮位所形成之『陽梁昌祿』格。文昌、祿星在卯、亥、未三宮出現即是。

7.紫微在午

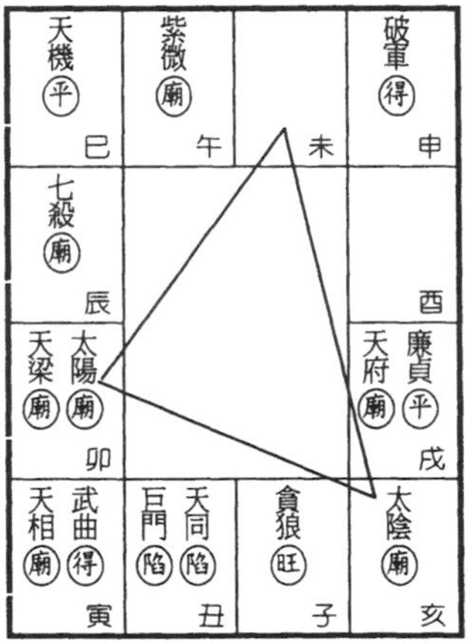

天機(平) 巳	紫微(廟) 午	未	破軍(得) 申
七殺(廟) 辰			酉
太陽(廟) 天梁(廟) 卯			廉貞(平) 天府(廟) 戌
武曲(得) 天相(廟) 寅	天同(陷) 巨門(陷) 丑	貪狼(旺) 子	太陰(廟) 亥

在此形式中，太陽及天梁同宮，也皆居廟位，也是名聲、地位皆可發揚光大的格局，接下來就是看文昌星和祿星了。文昌星在卯、亥、未三宮皆居平，還好啦！因為是三合宮位的『陽梁昌祿』格，因此有太陰化祿(丁

年生）在亥宮居廟，也會得到高薪而財產豐富。自然囉！太陽化祿（庚年生）及天梁化祿（壬年生），也會使此格局增高，成為企業界的CEO，或集團負責人，或名聲響亮的學者。

祿存在此三合宮位中出現，仍然是會把格局縮小，得財也保守，只在薪水之資和夠吃穿的財富，是無法有大發展的。

例如：國父 孫中山先生是天空坐命酉宮，又稱『萬里無雲格』的人。

在他命格中的『陽梁昌祿』格中，因為本命為天空，和對宮的『太陽、天梁化權、祿存』相照，沖刑到祿存，本身而不在乎錢，再加上三合宮位有太陰化忌，亦為煞星，會情緒古怪，多愁善感。文昌、文曲在夫妻宮，因此由卯、亥、未所形成之『陽梁昌祿』格是具有刑剋的『陽梁昌祿』格。不過，儘管如此，國父 孫中山先生仍是具有醫學博士資格學歷的人，在讀書方面是高人一等的。思想清高，亦能完成終結封建體制、創建民國的大業的。

國父 孫中山先生命盤

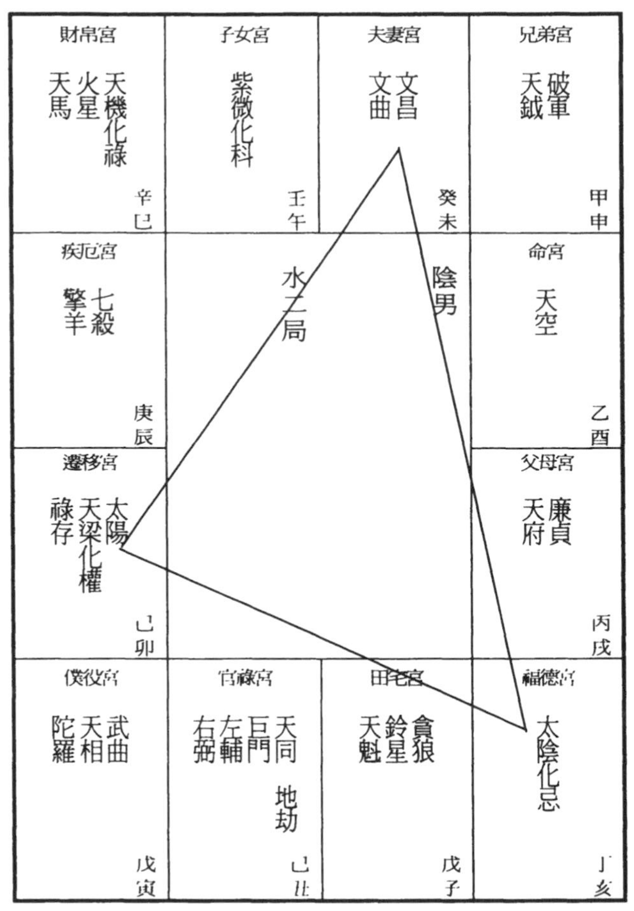
財帛宮
天機化祿
火星
天馬
辛巳
子女宮
紫微化科
壬午
夫妻宮
文昌
文曲
癸未
兄弟宮
破軍
天鉞
甲申
疾厄宮
七殺
擎羊
庚辰
水二局
陰男
命宮
天空
乙酉
遷移宮
太陽
天梁化權
祿存
己卯
父母宮
廉貞
天府
丙戌
僕役宮
武曲
天相
陀羅
戊寅
官祿宮
天同
巨門
左輔
右弼
地劫
己丑
田宅宮
貪狼
鈴星
天魁
戊子
福德宮
太陰化忌
丁亥

(3) **由『卯、亥、未』三宮所相照宮位，有文昌、祿星所形成之折射的『陽梁昌祿』格**。也就是文昌、祿星在酉、丑、巳三宮時之所謂折射的『陽梁昌祿』格。

7.紫微在午

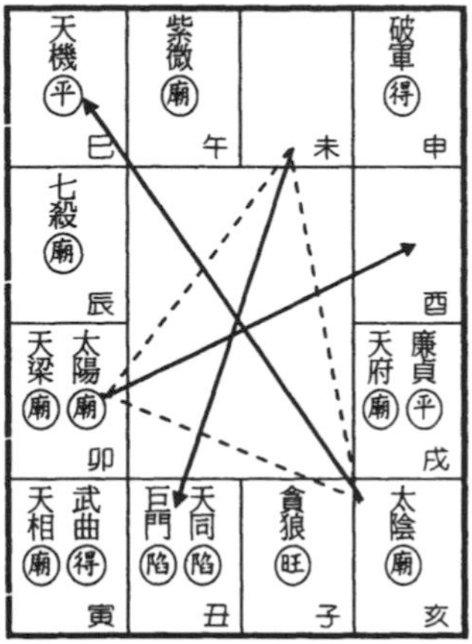

巳	午	未	申
天機(平)	紫微(廟)		破軍(得)
辰			**酉**
七殺(廟)			
卯			**戌**
太陽(廟) 天梁(廟)			廉貞(平) 天府(廟)
寅	**丑**	**子**	**亥**
武曲(得) 天相(廟)	天同(陷) 巨門(陷)	貪狼(旺)	太陰(廟)

在此形式中，如果文昌落在巳、丑、酉三宮皆居廟位，是最具精明幹練、計算能力好的格局形式。其次要看祿星，仍以有太陽化祿、天梁化祿為最優格局，有太陰化祿也能富有，多財產。有天機化祿，會因聰明工作而得財，

但為一般薪水之資。有祿存時，以在卯、酉、亥宮的祿存較弱。有祿存，仍是在得財方面保守而不太多，夠衣食生活而已，有一些小存款，無大財富。

8 『紫微在未』命盤格式中之『陽梁昌祿』格之形式與成就高低

（為折射的『陽梁昌祿』格）

在『紫微在未』命盤格式中之『陽梁昌祿』格之形式，因為太陽和天梁星的角度的關係，只能由太陽照射到對宮戌宮，再由對宮戌宮和三合宮位的寅宮、午宮形成三合宮位的『陽梁昌祿』格。另一種是由天梁星照射到申宮，再由申、子、辰三合宮位形成『陽梁昌祿』格。這種折射的『陽梁昌祿』雖不如正格的『陽梁昌祿』那麼整齊、完整。但是仍具有貴人運、考試運、升官運，能做成大事業。亦能享大名氣。

(1) **由辰宮的太陽照射到戌宮，再由『寅、午、戌』三合宮位三合而成，此為折射的『陽梁昌祿』格。**因此在辰、戌、午、寅四宮有文昌、祿星進入即是。

8.紫微在未

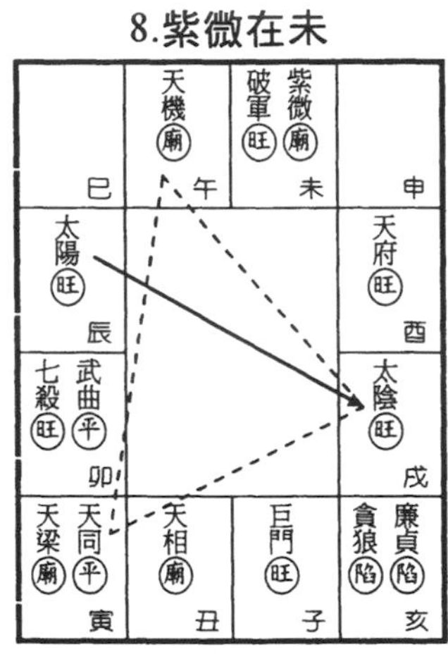

在此形式中，如果文昌星出現在寅、午、戌三宮位，是居陷位的。因此只適宜作運動員、球員，或武職(軍警業)為較佳，否則做文職會較吃虧的，因為文昌居陷時，計算能力不佳，精明幹練不夠，文筆不佳，容易怠

惰，及氣質粗糙，不細膩，也不討人喜歡。這些在球場上、運動場上，或軍警業須要粗曠表現的行業中是不須要的。

在祿星的部份，因太陽居旺化祿，財祿最多，跟天同、天梁居廟化祿都是帶財祿多的。

但天梁化祿有包袱，因『武曲化忌、七殺』就在下一宮，流年就在下一年，故有金錢上之險惡問題。其他如有太陰化祿(丁年生人)在戌宮，也居旺，也會有較多的薪資與存款或房地產，也非常之吉。還有天機化祿(乙年生)會在午宮也居廟，能賺智慧及自由自在之財與薪水之資很平穩。

有祿存在寅、午、戌宮出現而形成貴格的話，皆為保守，有一定的衣食財祿，能有考試運、升官運，也能出些名氣。但事業規格不會太大。

(2)由寅宮的天梁照射到申宮，再由『辰、申、子』三合宮位三合而成，此為折射的『陽梁昌祿』格，因此在辰、申、子、寅四宮有文昌、祿星進入，即能形成。

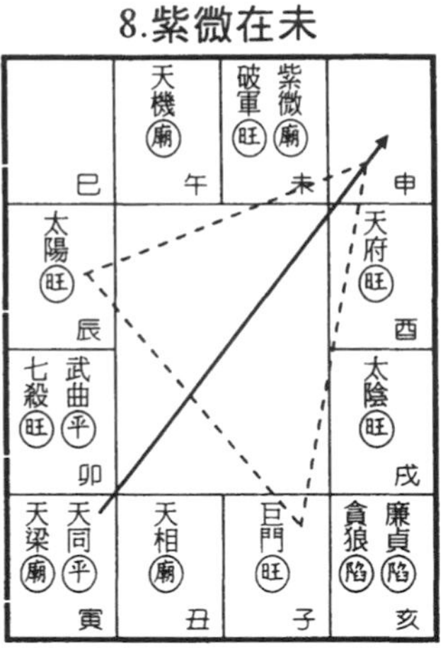

此形式中，文昌在申、子、辰三宮時居旺，都是聰明度高，精明幹練，善於計算利益，對事務完成之成功率高，對圖形認知的能力也特強，通文墨及氣質佳。但如果文昌在寅宮和天梁同宮時，就未必有這些了。

再以祿星來說：此形式中有太陽化祿最強，財祿來自暢旺的工作和與男性的競爭。有天梁化祿仍有包袱，及財富不長久之嘆。此形式中，還會出現有巨門化祿在子宮的型態，此時太陽化權居旺，形成工作運十分強、升官運十分強的『陽梁昌祿』格，但有文昌化忌會讓其人洩氣。不過，還好，你只是會多繞遠路而已。如果文昌化忌也居旺的話，你會耽誤一些時間，但仍能得到升官發財的好機會，只是名聲不一定夠大而已。

如果有祿存星在此格局中，以在寅宮居廟較佳。其他如在申宮、子宮等屬水的宮位，則財祿是不多的，只有衣食之祿而已了。

現在我們來看一下，大陸前領導人鄧小平先生之『陽梁昌祿』格的形式。

鄧小平先生的『陽梁昌祿』格是由寅宮的『天同、天梁、祿存』照射到申宮，再和申、子、辰宮三合，由辰宮中的『太陽化忌、文昌』所形成的折射的『陽梁昌祿』格。因為他是甲年生人，有太陽化忌，因此有刑剋到此一格局，故其在人生的事業之中有一段黑暗被鬥爭的日子。同時，他雖能出國到法國留學，但並無拿到文憑。這也是化忌所造成之不重文憑之故了。另外，再加上他的這個折射的『陽梁昌祿』格是由父母宮、兄弟宮、僕役宮、子女宮所組成的，這些都算是閒宮，故在其人生事業上受到騷擾較多，有助益時較少，又因為格局中有的是祿存，不是化祿，會因此折射的『陽梁昌祿』格來得財富的機會也會很少，只是普通人的衣食之祿罷了。大家也可看到，當他掌權時，已經老了，吃喝不動了，錢財也要不多了。反而能鼓勵改革開放，造成今日中國大陸之繁榮，這就是他的功績了。

如何幫子女找一個好生辰

前大陸領導人 鄧小平先生 命盤

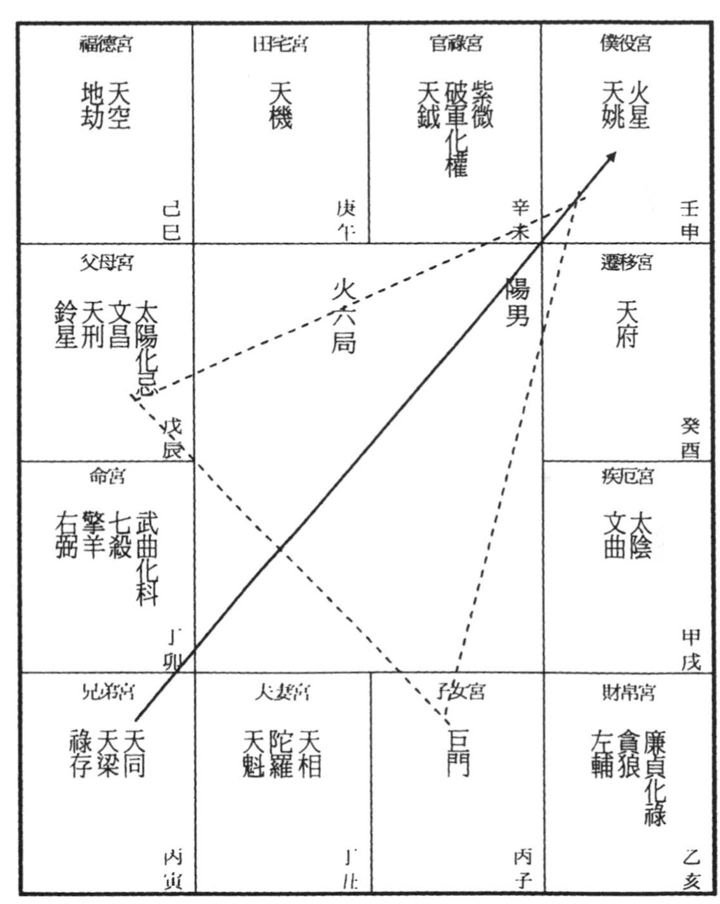

另外，再來看看和鄧小平先生之『陽梁昌祿』格很像的，前台灣首富蔡萬霖先生的『陽梁昌祿』格吧！

蔡萬霖先生是天府坐命酉宮的人，其人的『陽梁昌祿』格也是折射的。文昌星就在申宮，由寅宮的天同、天梁、祿存照射過去，再由申宮和辰宮的太陽形成申、辰、子三合。如此格局形成，但其中因有太陽化忌居旺的關係，因此他並未在學歷上發揮，而是直接在賺錢上、事業上來努力了。但因其『陽梁昌祿』的架構主要以兄弟宮、僕役宮、疾厄宮為主，故是以閒宮和人宮為主，而以和人際關係有精明操作，故以保險業起家，得到大財富。

蔡萬霖先生 命盤

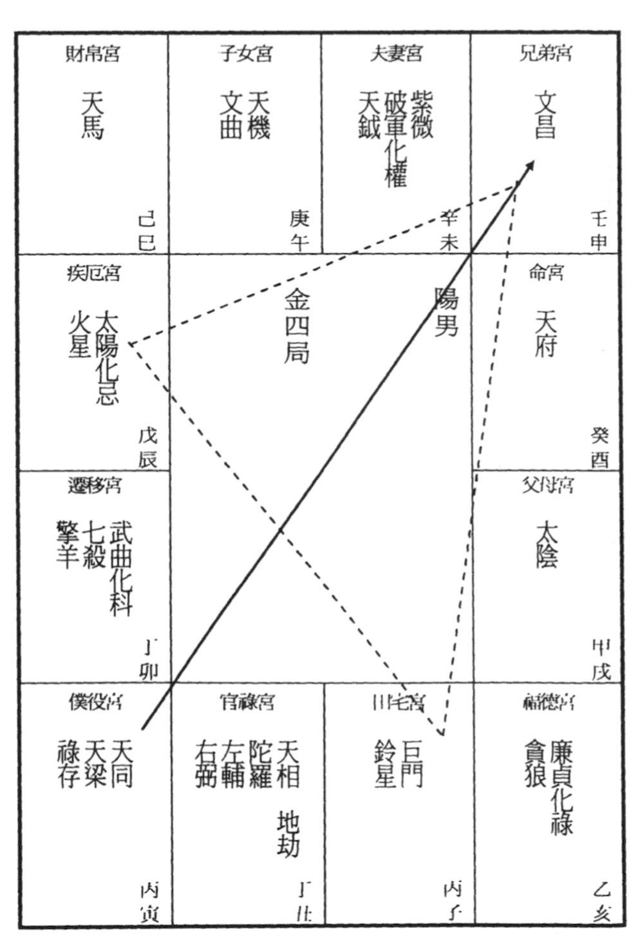

財帛宮
天馬
己巳
子女宮
天機
文曲
庚午
夫妻宮
紫微
破軍化權
天鉞
辛未
兄弟宮
文昌
壬申
疾厄宮
太陽化忌
火星
戊辰
陽男
金四局
命宮
天府
癸酉
遷移宮
武曲化科
七殺
擎羊
丁卯
父母宮
太陰
甲戌
僕役宮
天同
天梁
祿存
丙寅
官祿宮
天相
陀羅
左輔
右弼
地劫
丁丑
田宅宮
巨門
鈴星
丙子
福德宮
廉貞化祿
貪狼
乙亥

法雲居士⊙著

這是一本教您如何看到自己財路的書。

人活在世界上就是來求財的！財能養命，也會支配所有人的人生起伏和經歷。心裡窮困的人，是看不到財路的。你的財要怎麼賺？人生的路要怎麼走？完全在於自己的人生架構和領會之中，法雲居士利用紫微命理為您解開了這個人類命運的方程式，劈荊斬棘，為您顯現出您面前的財路。

你的財要怎麼賺？盡在其中！

9 『紫微在申』命盤格式中之『陽梁昌祿』格之形式與成就高低

在『紫微在申』命盤格式中之『陽梁昌祿』格之形式，其正格只有一種，就是由巳、丑、酉三合宮位所形成之格局，只要此三宮有文昌及祿星進入，就格局完美了。

另一類折射的『陽梁昌祿』格，就有三種形式，其實就是由巳宮、丑宮、酉宮分別照射的對宮有文昌或祿星而形成的。其中以有太陽的巳宮所照射的亥宮，以及有天梁的丑宮所相照的未宮，這兩宮有文昌和化祿星為較佳。因為祿存不臨辰、戌、丑、未。所以不會有祿存出現。而酉宮的太陰所相照的卯宮，如果有文昌或祿星則效果不會太好，也可能感覺不到『陽梁昌祿』格的考試運、升官運、出名等的威力了。

▽使你升官發財的『陽梁昌祿』格

(1) 由『巳、丑、酉』三合宮位所形成之『陽梁昌祿』格。凡文昌、祿星進入巳、丑、酉三宮時，即是。

9.紫微在申

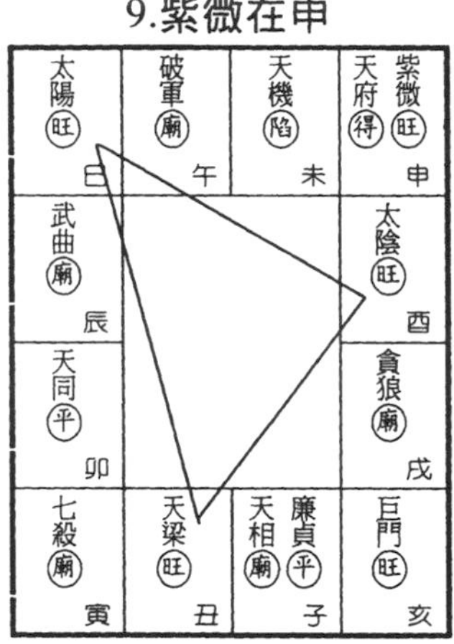

太陽 旺 巳
破軍 廟 午
天機 陷 未
紫微 旺 天府 得 申
武曲 廟 辰
太陰 旺 酉
天同 平 卯
貪狼 廟 戌
七殺 廟 寅
天梁 旺 丑
廉貞 平 天相 廟 子
巨門 旺 亥

在此形式中，太陽居旺，天梁也居旺，若能組成『陽梁昌祿』格的話，是十分高格調的『貴格』。能擁有此貴格的人，一生事業運、貴人運，也會極佳。會有大成就，能成為大集團之總裁。庚年生有太陽化祿，丁年生

有太陰化祿在格局中的人，容易得到大財富，有財官並美的人生格局。壬年生有天梁化祿在貴格中的人，因命盤中會有武曲化忌的錢財困擾，雖能得貴人財和出名的財，但仍會人生不順暢及為錢財痛苦之事。又因文昌星在巳、酉、丑三宮皆居廟位，故聰明度、幹練精明策劃、執行能力都會是一品等級的貴格之人。

例如：長榮集團的創辦人，張榮發先生的『陽梁昌祿』格就是在巳、丑、酉三宮三合而成，並且太陽、天梁、太陰化祿皆居旺，文昌居廟，是十分漂亮的貴格。故能成就大事業。

長榮集團 張榮發先生 命盤

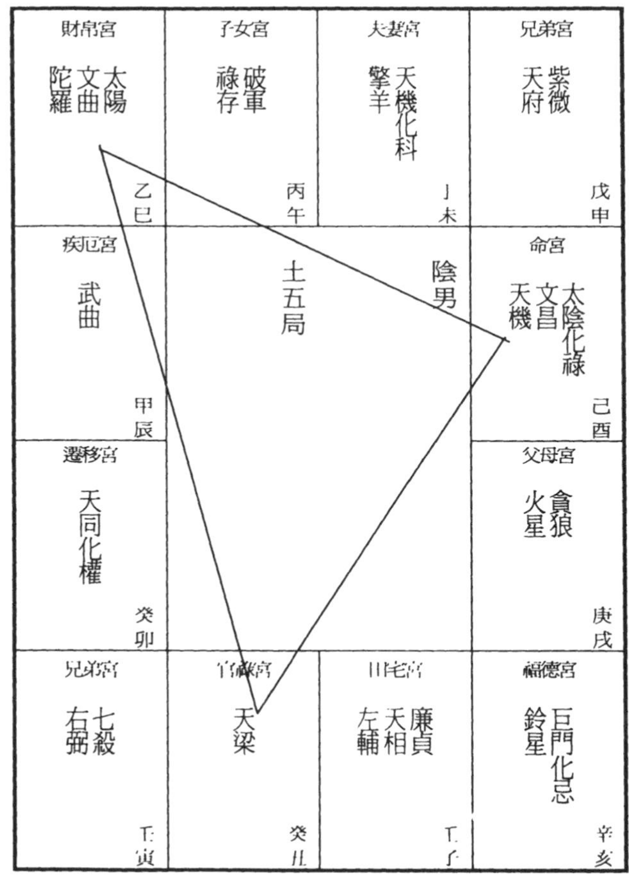

(2) 由巳、丑、酉三宮所照射之對宮的亥、未、卯有文昌、祿星進入，所形成之「折射的『陽梁昌祿』格」。

9.紫微在申

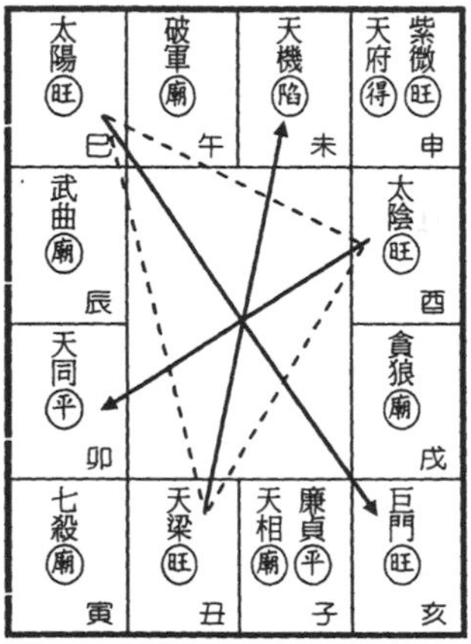

巳	午	未	申
太陽(旺)	破軍(廟)	天機(陷)	紫微(旺) 天府(得)
辰 武曲(廟)			酉 太陰(旺)
卯 天同(平)			戌 貪狼(廟)
寅 七殺(廟)	丑 天梁(旺)	子 廉貞(平) 天相(廟)	亥 巨門(旺)

此形式中，實際上是卯、亥、三宮有文昌及祿星進入。文昌星在卯、亥、未三宮居平，故聰明度、幹練、精明、行動力狀況皆不算太高，只是平平而已。而卯、亥、未三宮有祿星進入時，在卯宮有天同化祿，是丙年

生人，因天同化祿居平，故只是一般薪水和生活之資，財富並不很大。在未宮有天機化祿居陷時，是乙年生的人，也是薪水之資，因陷落的關係，財很少，而且會斷斷續續。在亥宮有巨門化祿時，是辛年生的人，雖巨門化祿居旺，是靠口才吃飯。例如做教師、推銷員、保險經紀等，貴格不算高，財富也不算多。如果是祿存星在卯宮、亥宮，則因有刑剋的關係，祿存不旺，衣食之祿也不會太多了。

現在讓我們一起來看看鬧天大誹聞而離婚的老虎．伍茲的雙重折射的『陽梁昌祿』格

老虎．伍茲是天梁化權坐命丑宮的人

此命格的人容易出生在一個受過創傷或沒落的家族與家庭之中，然後其人再慢慢修復其家庭中的問題。老虎．伍茲的父親是越戰歸來的老兵，其母是泰國移民，家庭經濟狀況很差，所幸其父親看到了老虎．伍茲命格上的強項，有暴發運，小時候還能教育，因此加強鍛練他的高爾夫球技，讓他二歲時開始接觸高爾夫球，三

歲時就在電視節目上演出球技，五歲已出現在有名的高爾夫雜誌上。在八歲時，獲得九至十歲少年組世界冠軍，以後又拿下六次少年組世界冠軍。結果多次靠『武貪格』暴發運奪取冠軍賽，所得之獎金，讓他致富。二〇〇六年時在佛羅里達州的火星島置產，和許多名人為鄰。目前老虎・伍茲大約三十五歲左右，要發到四十六歲為一階段，慢慢會散掉一些家財，未來也未必再有那麼富了。

老虎・伍茲的『陽梁昌祿』格，是由巳宮的太陽照射向亥宮的文昌(居平)、巨門。更由丑宮的天梁化權照射向未宮的天機化祿(居陷)。這是雙重的折射型的『陽梁昌祿』格，能出名，但不一定有利讀書或學習，命格是天梁化權居旺的人，脾氣也很硬，因夫妻宮是『巨門、文昌』，和配偶多爭吵，配偶口才好，能說善道，他也吵不過她，天梁坐命者全都桃花重，因此有外遇事件發生。由斗數中代表性能力之子女宮、田宅宮來看老虎・伍茲的性能力，是興趣很大，力不足矣！因為代表蓄精之所的田宅宮是『武

▽使你升官發財的『陽梁昌祿』格

曲、擎羊』。表示蓄精之能力有受傷。未來他的家財也是存不住的，有財沒庫的。

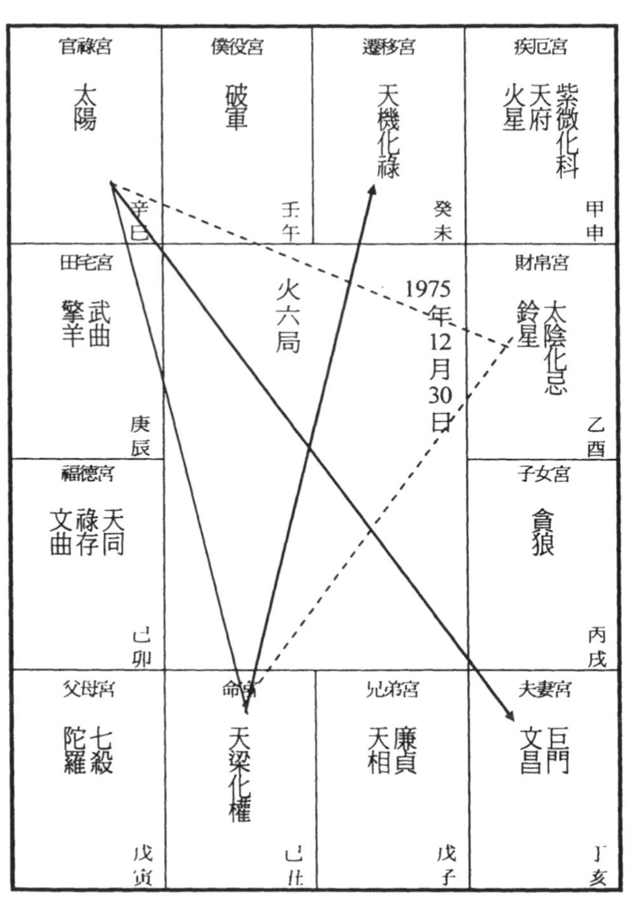

老虎・伍茲　命盤
官祿宮
太陽
辛巳
僕役宮
破軍
壬午
遷移宮
天機化祿
癸未
疾厄宮
紫微化科
天府
火星
甲申
田宅宮
武曲
擎羊
庚辰
火六局
1975年12月30日
財帛宮
太陰化忌
鈴星
乙酉
福德宮
天同
祿存
文曲
己卯
子女宮
貪狼
丙戌
父母宮
七殺
陀羅
戊寅
命宮
天梁化權
己丑
兄弟宮
廉貞
天相
戊子
夫妻宮
巨門
文昌
丁亥

10 『紫微在酉』命盤格式中之『陽梁昌祿』格之形式與成就高低

在『紫微在酉』命盤格式中之『陽梁昌祿』格的形式，以在子、午、卯、酉四方宮位組成為正格。其實太陽、天梁已在子、午宮相照了，則再有文昌和祿星(化祿或祿存)在子、午、卯、酉出現，即為格局完美的『陽梁昌祿』格了。

另外，有兩種折射的『陽梁昌祿』格，分別是以文昌和祿星在寅、午、戌三合宮位或是申、子、辰三合宮位所形成的。折射的貴格雖比正格略差一點、略弱一點，只要在折射的宮位或本宮中之煞星少，也是能成為人主貴的助力的。

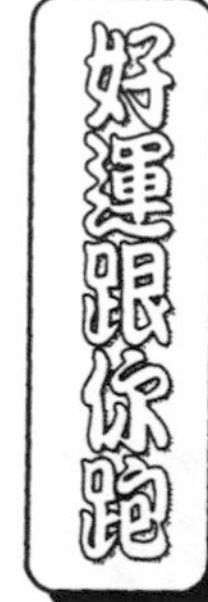

(1) **由子、午、卯、酉四方宮位所形成之『陽梁昌祿』格**。以文昌、祿星在子、午二宮為最強。在卯、酉二宮較弱。

10.紫微在酉

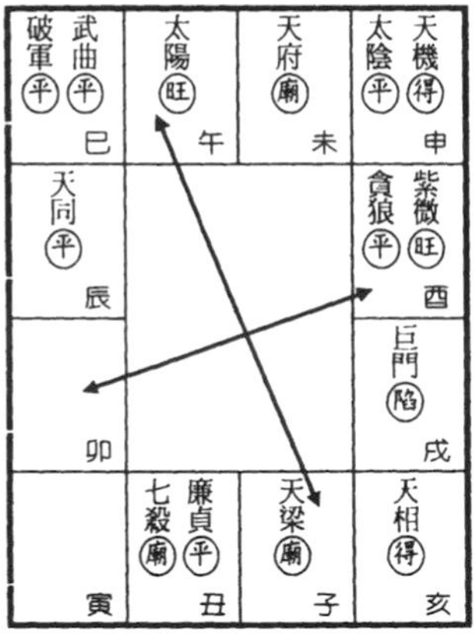

巳	午	未	申
武曲(平) 破軍(平) 巳	太陽(旺) 午	天府(廟) 未	天機(得) 太陰(平) 申
天同(平) 辰			紫微(旺) 貪狼(平) 酉
卯			巨門(陷) 戌
寅	廉貞(平) 七殺(廟) 丑	天梁(廟) 子	天相(得) 亥

此形式中，主要的架構太陽星已居旺，天梁星也居廟，格式就非常強勢了。但要看文昌和祿星的旺弱再來分高下。文昌在酉宮居廟，在子宮居旺，在卯宮居平，在午宮居陷。文昌在午宮時仍有考試運、升官運，但適

合武職或運動類、球員等的發展，若要讀書，成績會爛爛平平的。格局中只要再有祿星，就能成績爛爛的唸到博士。這是有此格局的特點。如果沒有祿星，也無法達到此貴格了。此外，在此形式中，會出現的化祿有太陽化祿(庚年生)、天梁化祿(壬年生)，還有貪狼化祿(戊年生)。其中仍是以太陽化祿最強、最好，直接帶大財富給你，也會以工作事業而得財。其次是『紫微、貪狼化祿』，有好運、貴人運、考試運、升官運，但愛享福與桃花多，凡事太順利，會財富反而不大。天梁化祿雖居廟，能得貴人財，但帶有包袱，考試、升官、出名之後，要小心金錢問題的是非災禍。

還有，**如果有祿存在子、午、卯、酉任何一宮出現**，都會把此『陽梁昌祿』格給縮小，變得保守起來，最後只會變成公務員或靠薪水生活的上班族。尤其當文昌跟祿存在酉宮或卯宮和紫貪同宮或相照時，狀況十分明顯。

例如：某先生的『陽梁昌祿』格在子、午、卯、酉，但只為一中階軍官的生活之祿。此位先生是『紫微、貪狼、文昌坐命』酉宮的人，乙年生，有祿存在卯宮，由子、午、卯、酉四方宮位形成『陽梁昌祿』格。早年也被派往國外軍事學院受訓而風光一時。但因為有祿存的關係，會保守而格局不大，再加上命宮中有紫微的人愛享福，不會多努力，而命宮又是『紫貪、文昌居廟』，長相俊俏、桃花多，會更無法在事業上增強。此命盤和後者陳履安先生命格不同處，在於此先生祿存在卯，祿少，並且八字不相同。陳履安先生的貴格及祿存星全集中於子午宮相沖照之處，以及祿存在午居廟旺之位之故。

某先生 命盤

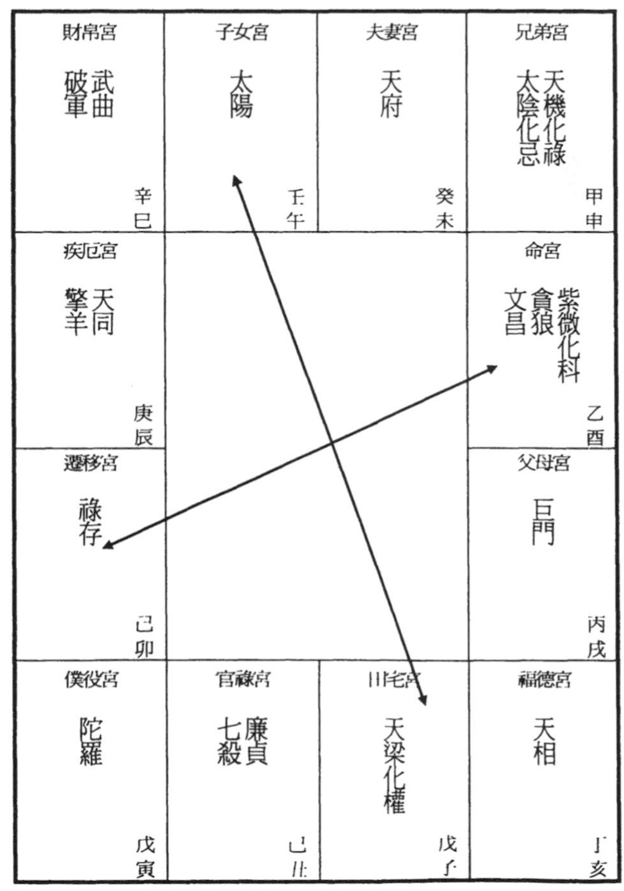
財帛宮
武曲
破軍
辛巳
子女宮
太陽
壬午
夫妻宮
天府
癸未
兄弟宮
天機化祿
太陰化忌
甲申
疾厄宮
天同
擎羊
庚辰
命宮
紫微化科
貪狼
文昌
乙酉
遷移宮
祿存
己卯
父母宮
巨門
丙戌
僕役宮
陀羅
戊寅
官祿宮
廉貞
七殺
己丑
田宅宮
天梁化權
戊子
福德宮
天相
丁亥

又例如：我們可以看到前國防部長陳履安先生的命盤和這位某先生的命盤很類似。陳履安先生也是『紫微、貪狼』坐命的人，但命宮還有『地劫、左輔』。其『陽梁昌祿』格以子宮和午宮對照而形成。午宮有『太陽、祿存』而子宮有『天梁、文昌』，是非常完美的『陽梁昌祿』格。其人以文人資格坐在國防部長之職，在當時是創時代之舉，這自然也得利於其人的高學歷所致了。但最終仍以國家高級公務員退職，做生意皆失敗。

前國防部長 陳履安先生 命盤

財帛宮	子女宮	夫妻宮	兄弟宮
武曲 破軍 陀羅 右弼 乙巳	太陽 祿存 咸池 沐浴 丙午	天府 擎羊 丁未	天機化科 太陰化祿 鈴星 戊申
疾厄宮 天同化權 甲辰	陰男 金四局		**命宮** 紫微 貪狼 地劫 左輔 己酉
遷移宮 癸卯			**父母宮** 巨門化忌 庚戌
僕役宮 文曲 天刑 壬寅	**官祿宮** 廉貞 七殺 火星 天空 癸丑	**田宅宮** 天梁 文昌 壬子	**福德宮** 天相 辛亥

(2) 有陽梁相沖照，再由寅、午、戌三合宮位中有文昌、祿星進入，也就是在寅宮、戌宮有文昌、祿存者，為有折射的『陽梁昌祿』格。

10.紫微在酉

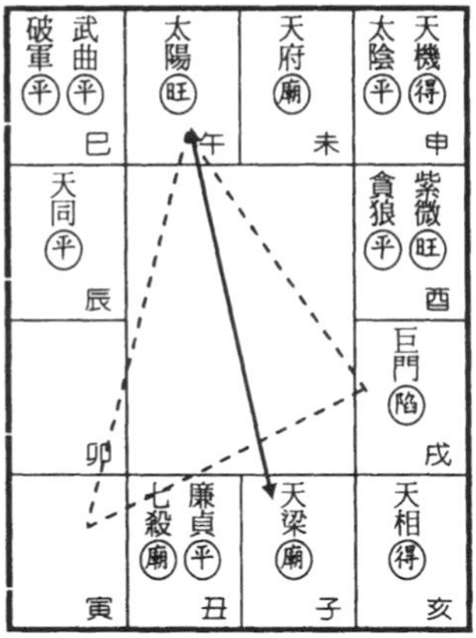

巳	午	未	申
武曲平 破軍平 巳	太陽旺 午	天府廟 未	天機得 太陰平 申
天同平 辰			紫微旺 貪狼平 酉
卯			巨門陷 戌
寅	廉貞平 七殺廟 丑	天梁廟 子	天相得 亥

此形式中，文昌在寅宮或戌宮為居陷，故只適宜做武職或體育類、運動類、球員或餐飲類、美髮類等工作，會有大發展外，文質工作皆不行。

祿星也以太陽化祿、天梁化祿較佳，如三合宮位中之巨門化祿因居陷位，帶財少，且多口舌是非，或靠嘴皮子吃飯，常說些無聊的話，言不及義。

例如：有名的西安事變之主角張學良先生之命盤中之由寅、午、戌三合折射的『陽梁昌祿』格，可窺之，因帶刑剋太多，早年赴德國軍校留學，後帶領東北軍歸降國民政府。也因為『陽梁昌祿』格中多煞星刑剋，例如有『文昌化忌、擎羊、鈴星與巨門化祿』同宮，而形成出名是因西安事變的最初反叛，而又轉圜挽回，釋放蔣介石，最終落得監禁一生的下場，這主要也是刑剋太多的『陽梁昌祿』格所致。這表示會出大名，但此大名也是傷及自己最深的名聲。文昌化忌就是頭腦不清、算計不清，又在戌宮，則等而下之、最笨的智慧了。

不過，以張學良的命盤來看，幸虧他被監禁一生，否則有劫空並坐遷移宮，表示環境中四大皆空，本應出家否則會短命。不過監禁也如同出家而保全其生命，活到百歲，真人生一奇呀！

張學良先生 命盤

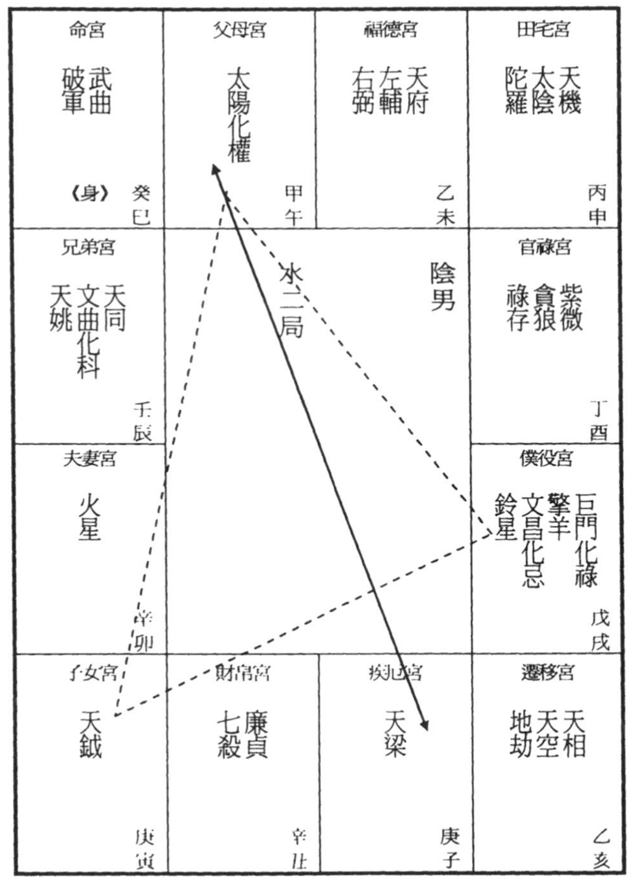
命宮
武曲
破軍
《身》
癸巳
父母宮
太陽化權
甲午
福德宮
天府
左輔
右弼
乙未
田宅宮
天機
太陰
陀羅
丙申
兄弟宮
天同
文曲化科
天姚
壬辰
水二局
陰男
官祿宮
紫微
貪狼
祿存
丁酉
夫妻宮
火星
辛卯
僕役宮
巨門化祿
擎羊
文昌化忌
鈴星
戊戌
子女宮
天鉞
庚寅
財帛宮
廉貞
七殺
辛丑
疾厄宮
天梁
庚子
遷移宮
天相
天空
地劫
乙亥

(3) 有陽梁相沖照，再由子、申、辰三合宮位中有文昌、祿星進入，也就是在申宮、辰宮有文昌、祿星時，為有折射的『陽梁昌祿』格。

10.紫微在酉

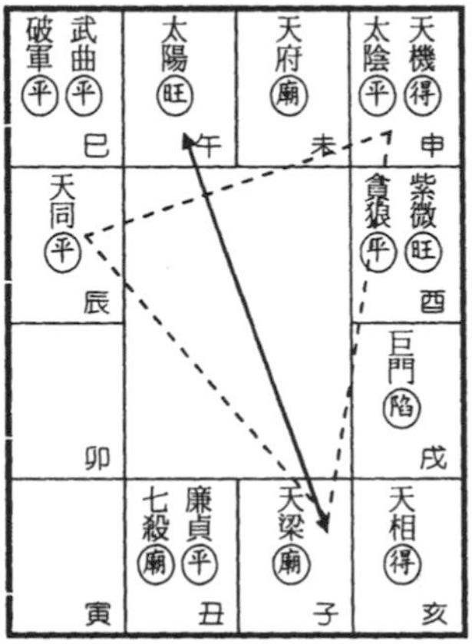

破軍(平) 武曲(平) 巳	太陽(旺) 午	天府(廟) 未	太陰(平) 天機(得) 申
天同(平) 辰			貪狼(平) 紫微(旺) 酉
卯			巨門(陷) 戌
寅	七殺(廟) 廉貞(平) 丑	天梁(廟) 子	天相(得) 亥

此形式中，文昌在申宮或辰宮皆居旺位，因此仍能有精明幹練的頭腦和高智慧，對利益的計算也十分清楚。

此形式中的化祿星，除了有太陽化祿(庚年生)、天梁化祿(壬年生)之外，還可能產生的化祿星是天同化祿(丙年生)，因居平位，為衣食享受上之小小財祿。還有在申宮的『天機化祿與太陰化忌』同宮(乙年生)，本來天機化祿財就不多，又和太陰化忌同宮並坐，故『祿逢沖破』，更無財富可言。若為丁年生有『天機、太陰化祿』的話，又因太陰化祿居平，也財祿不多。

在此折射的『陽梁昌祿』格中，祿存只會在申宮出現，是庚年生人，而此『陽梁昌祿』格中的太陽也已有太陽化祿可用了，此祿存意義不大。

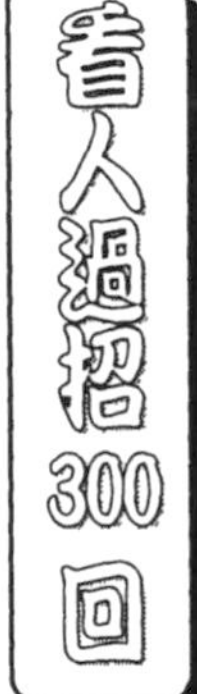

11 『紫微在戌』命盤格式中之『陽梁昌祿』格之形式與成就高低

在『紫微在戌』命盤格式中之『陽梁昌祿』格之形式，屬於正格的只有在亥、未、卯三合宮位所形成的一種。折射的『陽梁昌祿』格則有三種。分別是由亥、卯、未三宮折射到對宮之巳、酉、丑宮而形成的。以正格的貴格較強。在升官、讀書學歷上、考試上、出名上，較真實有力。而折射的『陽梁昌祿』格會較弱。

若要以『紫微在戌』命盤格式的『陽梁昌祿』正格和其他命盤格式相比，此種形式的貴格又變成較弱的貴格了。因為太陽在得地之位，又和陷落的太陰同宮並坐。而且天梁又居陷，貴人運及名聲的運氣皆低，出名不易。得財又不多。故層級不高，但仍能有小的考試運、升官運、成績不會太好。

(1)**由『亥、未、卯』三合宮位形成之『陽梁昌祿』格**。文昌、祿星進入亥、未、卯三宮時，即是。

11.紫微在戌

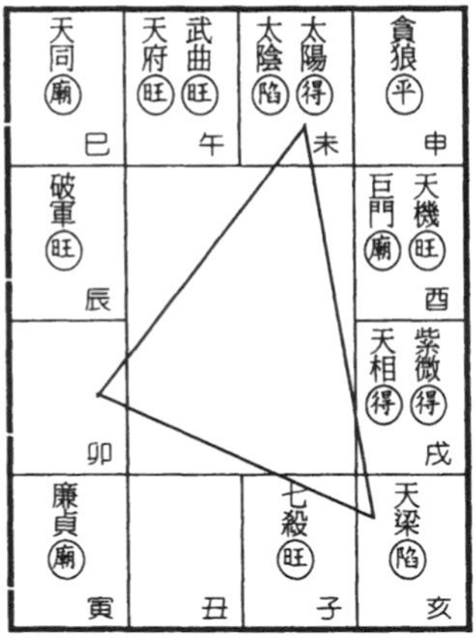

巳	午	未	申
天同(廟)	武曲(旺) 天府(旺)	太陽(得) 太陰(陷)	貪狼(平)
辰：破軍(旺)			酉：天機(旺) 巨門(廟)
卯			戌：紫微(得) 天相(得)
寅：廉貞(廟)	丑	子：七殺(旺)	亥：天梁(陷)

此形式中，如前面所說，太陽居得地之位，又和陷落的太陰同宮。天梁居陷，出名不易，貴人運少，不顯。此『陽梁昌祿』格中，要看文昌及祿星的旺弱而看主貴的程度。可是，文昌無論入亥、未、卯那一宮，皆居

平，表示精明幹練的程度不高，聰明度也只有一點一點。如果有化祿進來，只有太陽化祿(庚年生)較稍有財祿，但工作會斷斷續續，因為同宮的太陰陷落所拖累。如果有祿存出現，不會在未宮(祿存不入四墓宮)，祿存只會在亥、卯二宮出現，此二宮祿存皆衰弱不強，故財更少。因此縱使有此『陽梁昌祿』格，其人能偶而小有名一下，就無聲無息了，並且只有短暫薪水之資的財富。工作也不長久。

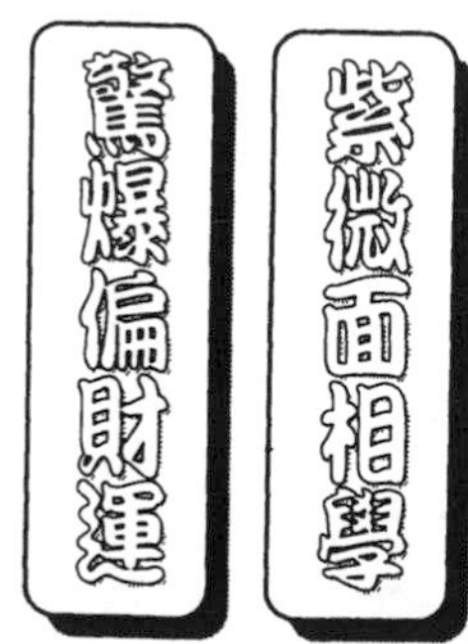

(2) 由亥、未、卯三宮相照之宮位巳、丑、酉三宮中有文昌、祿存時，會形成折射的『陽梁昌祿』格。

11.紫微在戌

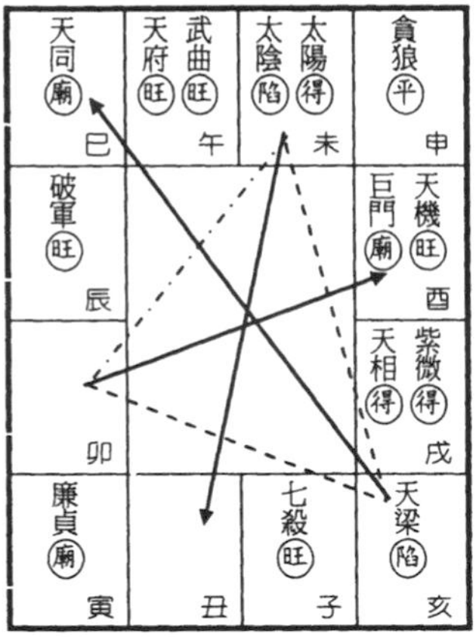

天同(廟) 巳	武曲(旺) 天府(旺) 午	太陽(得) 太陰(陷) 未	貪狼(平) 申
破軍(旺) 辰			天機(旺) 巨門(廟) 酉
卯			紫微(得) 天相(得) 戌
廉貞(廟) 寅	丑	七殺(旺) 子	天梁(陷) 亥

此形式中，若有文昌進入巳、酉、丑三宮為居廟，反而對格局有利。

此折射的『陽梁昌祿』格，反而可因文昌的精明幹練、聰明、智慧高而能計算出對自己有利的路途。

在祿星方面，如果有化祿的話，雖以庚年生，未宮的太陽化祿為佳，但亦有太陰化忌同宮，則財仍不順。有天梁化祿居陷，仍是無貴人之財。**如果是丙年生有天同化祿**居廟相照天梁，稍有衣食之祿，財富也不會太多。

如果是祿存星，只會在卯、酉、亥、巳等宮出現，大致是乙年、辛年、壬年、丙年或戊年生的人會逢到的。但是祿存會使『陽梁昌祿』格更保守及縮小，也會縮小人生格局，只有衣食之祿，在財富上不太多。在貴格上也達不到一定的貴氣及地位。因此，這個命盤格局之貴格主貴的力量是極低的了。

移民投資方位學

法雲居士⊙著

這本『移民、投資方位學』是順應現代世界移民潮流而精心研究的一本書。

每個人都有自己專屬的生命磁場的方位，才能生活、生存的愉快順利，也才會容易獲得財富。搞不清自己生命磁場方位而誤入忌方的人，甚至會遭受劫殺。至少也會賺不到錢而窮困。

法雲居士利用紫微命理的方式向您解釋為什麼有些人會在移民或向外投資上發展成功？為什麼某些人會失敗、困頓？怎麼樣才能找對自己的正確方向？使您在移民、對外投資上，才不會去走冤枉路、花冤枉錢，幫助您開拓順利成功的人生！

12 『紫微在亥』命盤格式中之『陽梁昌祿』格之形式與成就高低（為折射的『陽梁昌祿』格）

在『紫微在亥』命盤格式中之『陽梁昌祿』格之形式其實全都是折射的『陽梁昌祿』格。只有二種。一種是由戌宮的天梁照射向辰宮，又由申、子、辰三合宮位組成。此種折射的『陽梁昌祿』格，因太陽和天梁的位置並不在三合位置上，而是帶有點刑剋意味的。再加上太陽會和巨門同宮，以及天梁和天機同宮，如此的貴格縱然形成，也會是財祿並不多的，以及貴格並不真正高的，能做普通中等公務員已不錯了。

另一種是由申宮的太陽射向寅宮，再由『寅、午、戌』三合宮組成。此組合也會是祿星與文昌皆不高，是等而下之的格局，並不一定能真正主貴了。

(1)由戌宮的天梁相照射辰宮，再由『辰、申、子』三合宮位，三合而成「折射的『陽梁昌祿』格」。因此在申、子、辰、戌四宮有文昌、祿星進入，即是。

12.紫微在亥

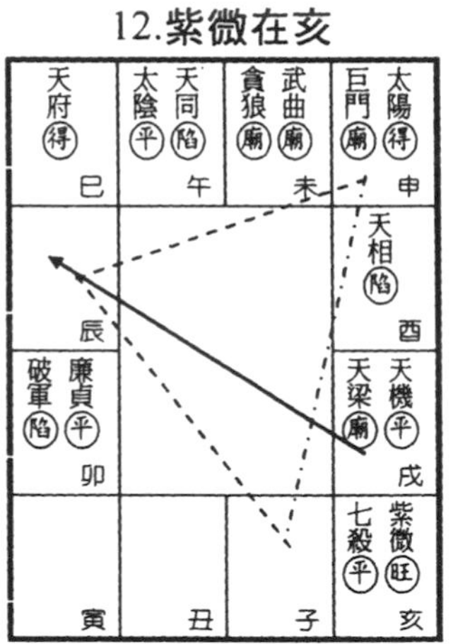

在此形式中，如果文昌進入申、子、辰宮居廟的話，其人精明度和智商會較高。如果祿星為太陽化祿、巨門化祿、天機化祿、天梁化祿也都能形

成貴局。但財富並不見得可多得，因為折射的『陽梁昌祿』格本身力道就不強，錢財問題就較空泛了。但對考試運、升官運、貴人運來說，仍是會有，但無太大利益。因為天梁貴人星是和天機同宮的，這表示貴人只給你出主意，或口惠一下，其實只動個嘴巴的力氣，隨便說說，並無真的幫大忙。故在財祿上也不多。並且太陽還和巨門同宮又增加一些是非、曲折，故此等折射的『陽梁昌祿』格是有點辛苦，且財祿較少的。人生成就也會不太高的。

(2)**由申宮的太陽射向寅宮，再由『寅、戌、午』三合宮位，三合而成之「折射的『陽梁昌祿』格」**。因此在申、寅、午、戌四宮有文昌、祿星進入，即形成。

12.紫微在亥

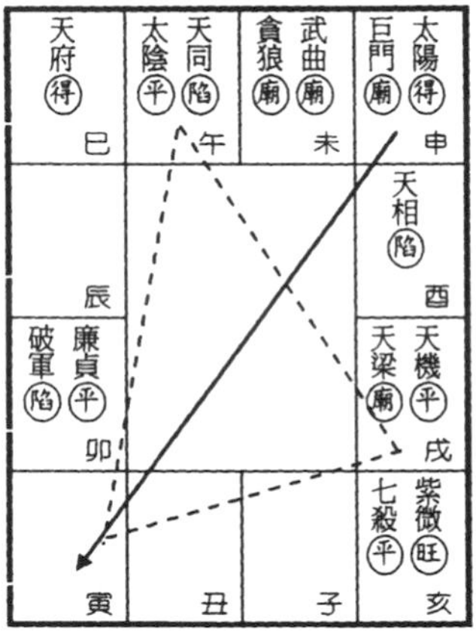

巳	午	未	申
天府(得)	天同(陷) 太陰(平)	武曲(廟) 貪狼(廟)	太陽(得) 巨門(廟)
辰			酉 天相(陷)
卯 廉貞(平) 破軍(陷)			戌 天機(平) 天梁(廟)
寅	丑	子	亥 紫微(旺) 七殺(平)

此形式中，如果文昌在寅、午、戌三宮出現，是居陷位的，故智商及精明幹練的程度皆不高，做運動員、武職尚可糊口。還要看祿星所在的位

置如何，以定薪資財祿多寡。此形式中仍是以庚年有太陽化祿，會財多一點，能做公務員，工作做得愈大，就薪水領得愈多。但職位會不高。如果做運動員或做軍警業，能做中、下階官職，做球員也財祿不多。此種折射的『陽梁昌祿』格層次較低，貴不顯。

法雲居士⊙著

人有面相，房屋就有『屋相』。
人有命運，房屋也有命運。
具有好命運的房子，也必然具有好風水與好『屋相』。

房子、住屋是人外在環境的一部份，人必須先要住得好、住得舒適，為自己建造好的磁場環境，才會為你帶來好運和財運。
因此你住了什麼樣的房子，和為自己塑造了什麼樣的環境，很重要！

這本『紫微屋相學』不但告訴你如何
選擇吉屋風水的事，更告訴你如何運用屋相的運氣來為自己增運、補運！

第五章 『陽梁昌祿』格在人宮或事宮對人的影響

『陽梁昌祿』格是一個極高、又極旺的『主貴』的格局。又稱『貴格』。或許，你會不瞭解何謂『主貴』的格局？或是『主貴』又有什麼用呢？所謂『主貴的格局』，就是具有了此格，就能使人生層次增高的一種格局。

例如：在古代，原先是寒門窮書生，命中有此格局，在大運的加持下，赴京考試，能考上皇榜的頭幾名。如果沒有『陽梁昌祿』格的人，或此格為破格的人，會根本考不上，機會很少，或渺茫。但有此貴格再加上行運在格局上，就絕對會考上，而且成績特優。因此斗數格局稱『陽梁昌祿為金殿傳臚』。

在人類的文明史中，數千年來，就以考試制度來管理人。是最最智慧的作法。至今，在幾千年後，此考試制度仍是沒有廢除，反而方興未艾，在二十一世紀中正如火如荼的以各種型態、各種規則、各種嚴苛的規定在試煉著必須擁有資格的考生們。自然『陽梁昌祿』格對這些受試煉的考生們或想成大業、成大事的青年才俊們就更形重要了。

第一節 『陽梁昌祿』格由命盤格式和時間決定

大家都想成大名、立大業，也都需要『陽梁昌祿』格。但是『陽梁昌祿』格是『天生的』，是一生下來就有的，是出生時間碰得好，這豈不是讓某些人很氣餒、很鬱卒？

確實！『陽梁昌祿』格是根據出生時，再配合命盤格式的狀況而形成之特有的格局。大致來說，出生於卯時及酉時的人，文昌會和文曲同宮在未宮或丑宮，這兩個時辰出生的人是比較有多點機會擁有『陽梁昌祿』格的。其實在每一個命盤格式中能組成『陽梁昌祿』格的時間都不一樣。倘若你想為自己的小孩挑一個具有『陽梁昌祿』格的出生時辰，往往發覺：相差了一個時辰，或移到下一個時辰，就連命盤格式整個都不一樣了，因此也算是十分難找吧！

現在茲將十二個命盤格式會組成『陽梁昌祿』格的時辰公佈一下：

1 **『紫微在子』命盤格式中**，要生在丑時、辰時、巳時、未時、酉時、戌時，能形成『陽梁昌祿』格。

2 **『紫微在丑』命盤格式中**，要生在子時、寅時、辰時、午時、申時、戌時，能形成『陽梁昌祿』格。

3 **『紫微在寅』命盤格式中**，要生在卯時、巳時、未時、酉時、亥時，能形成『陽梁昌祿』格。

4 **『紫微在卯』命盤格式中**，要生在子時、丑時、寅時、辰時、未時、戌時，能形成『陽梁昌祿』格。

5 **『紫微在辰』命盤格式中**，要生在丑時、卯時、巳時、未時、酉時、亥時，能形成『陽梁昌祿』格。

6 **『紫微在巳』命盤格式中**，要生在子時、寅時、辰時、午時、申時，能形成『陽梁昌祿』格。

7 **『紫微在午』命盤格式中**，要生在丑時、卯時、辰時、未時、戌時、亥時，能形成『陽梁昌祿』格。

8 **『紫微在未』命盤格式中**，要生在子時、寅時、辰時、午時、申時、戌時，能形成『陽梁昌祿』格。

9 **『紫微在申』命盤格式中**，要生在丑時、卯時、巳時、酉時、亥時，能形成『陽梁昌祿』格。

10 **『紫微在酉』命盤格式中**，要生在子時、丑時、寅時、辰時、午時、未時、申時、戌時，能形成『陽梁昌祿』格。

11 **『紫微在戌』命盤格式中**，要生在卯時、巳時、未時、酉時、亥時，能形成『陽梁昌祿』格。

12 **『紫微在亥』命盤格式中**，要生在子時、寅時、辰時、午時、申時，能形成『陽梁昌祿』格。

▼使你升官發財的『陽梁昌祿』格

雖然在十二個命盤中有這麼多的時間可形成『陽梁昌祿』格，但有些是折射的『陽梁昌祿』格，是比較弱的。真正的正格，其實不多。因此一般人想出人頭地，真是沒那麼容易的了。再之，若貧苦人家想生一個帶有貴格的小孩，也真是須要多積德從善如流，才能反敗為勝的了。

第二節 『陽梁昌祿』格在人宮或事宮對人的影響

『陽梁昌祿』格是一個『主貴』的格局，也代表的是一個人生架構的問題。在紫微命盤上，所謂的人宮代表的是『六親宮』之宮位。例如：兄弟宮、夫妻宮、子女宮、父母宮、僕役宮，和自己的命宮為六親宮。所謂的『事宮』即除了六親宮之外的宮位為『事宮』。例如：財帛宮、疾厄宮、官祿宮、田宅宮、福德宮、遷移宮等。

『人宮』是看自己與周圍親屬關係的助力與關係深淺，有無或刑剋的宮位。『事宮』是看自己成長經歷，一生中環境與自己相互影響之關係。例如：環境影響你的，會由你所享到的福、得到的財或得到的利益、名聲、貴人幫助來顯現出。若是你對周遭環境有影響的，則是你所創造的功業、成就。因此，人宮和事宮相互輔助、交溶的形成了人之命格藍圖架構。當然這是最基本又最大規模的架構。

另一方面，命理上為了方便起見，又會以三合宮位分為另一種架構，如：『命、財、官』、『夫、遷、福』、『父、子、僕』、『兄、疾、田』等架構。另外也可分為『命、財、官、遷』、『夫、福、疾、僕』、『父、兄、子、田』的架構。這是以人成長後，成就高低緊要的架構分類法。

通常，我們以『命、財、官』為人命格主要的架構。以『夫、遷、福』為其次重要之架構，而以『父、子、僕』、『兄、疾、田』為閒宮。(其實『父、子、僕』及『兄、疾、田』是對人有助力的。)

現在我們要討論的是：如果貴格在這些主要的、次要的、或閒宮出現會對人有什麼影響？

『陽梁昌祿』格在『命、財、官』出現對人的影響

雖然『陽梁昌祿』格在人之命盤上，只要成局就好，就能享有貴格的一切好處。例如讀書容易有高學歷、貴人運、考試運、升官運、名聲響亮、人生走向光明的境界、財官雙美，甚至帶來大財富，讓人立於不敗之地。但是此貴格在何處出現？在那些宮位對人之利益更大？這就是命理學該探討的地方。

『陽梁昌祿』對人最優的、最有幫助的，自然是架構在人命格的主要架構『命、財、官』之上，為最優等的架構及格局了。

如果已有此貴格，再加上格局中的太陽、天梁、文昌及祿星四顆星皆居廟旺之位，則學識、事業、地位之高，名聲響亮、財富多得，無不為富有之人。如此，可稱之為『財官雙美』之人。

現在我們可以看到有馬英九總統、長榮集團創辦人張榮發先生，以及章孝嚴先生三人的『陽梁昌祿』格皆是以『命、財、官』為架構之貴格組

織，但因為八字不同、星曜的組合不一樣，也會有貴運不同，財富層級不一樣的層次之分了。

貴格集聚在官祿宮的影響

例如：在馬英九總統的『陽梁昌祿』格裡，雖是由『命、財、官』組成。但太陽、天梁、文昌、化祿星全聚集在官祿宮卯宮之中。而且，有三顆星是居廟位的，有太陽及天梁、太陽化祿是居廟位的，而文昌在卯宮居平，表示馬英九先生讀書時，雖功課很好，但也並不是每一次都考第一名。另一方面他的計算能力也不是頂尖的、最好的。在計算利益方面還是稍弱的，會有瑕疵的。另一方面他的命宮有太陰化忌，代表是一種感情、情緒上的古怪與多愁善感，有時又自閉於自己的世界之中，這和日本導演黑澤明的狀況十分相像，但馬英九先生做的是政治行業，這種感情模式對他不利，也是不能公開表達的。而黑澤明就常寫書或受訪來抒發宣洩他的感情與情緒了。(馬英九先生 命盤在44頁)

馬英九總統的貴格就集中在他的官祿宮中。故也是將其一生精力就是灌注在事業上，又因為太陽、天梁皆居廟位，於是所有生命中之男性、及男女貴人也全都集中在事業這塊範圍境地中來幫他達成人生的目標價值。

很多人都認為馬英九先生的父親馬鶴凌喜歡做皇帝夢，因此從小就嚴加管教和培養唯一兒子登上總統寶座。其實，這種講法是言過其實了。因為首先，馬鶴凌先生必須會算命，先要知道自己的兒子命好(這請算命師代勞亦可)。其次，其人要非常著迷的對兒子做無盡的付出，還要全家人一起做付出，這點並不是很容易的，而馬英九先生本命中的官祿宮就有太陽、天梁這些男性、女性的貴人運，一起來幫他達成人生的目標。這是自然而然的現象，即可說是天命如此了！(天命是指自然而然的形成，並非上天神明指定的迷信之說。)

此外，我們也可比較馬英九先生和黑澤明的命盤，兩者非常相像。但是黑澤明的官祿宮中有『太陽化祿、天梁、地劫』。而文昌卻在疾厄宮居陷，這在人命上就差很多了，有地劫在官祿宮時，就會在工作上會斷斷續續，無法衝上最高點。而且在工作事業上，那些男人或女人的貴人常幫助不力，或是頭腦空空幫不上忙，或不知道要幫忙。文昌又在閒宮，又居陷，故能多次得義大利威尼斯影展大獎已是極端不錯的人生成就了。幸而做的是電影藝術業，做做停停無所謂。如果也從事政治業，和人比較，就會更有瑜亮情結之恨了！（黑澤明先生命盤在119頁）

貴格在『命、財、官』精神匯聚

例如：在張榮發先生的命盤中，『陽梁昌祿』格的太陽星在財帛宮、天梁在官祿宮，雙星居旺。命宮有太陰化祿，也居旺，文昌居廟。因此張榮發先生是特別精明的生意人及事業集團的創辦人。其財帛宮為太陽，代表以工作得財很旺。其官祿宮為天梁，表示有貴人幫忙在工作上有發展，或所用部屬也多半是他的貴人能幫忙生財。能得貴人財。也能名聲大好，日日新月月新的不斷上昇。其人本命很會計算利益，精明幹練，又會存錢，財富很足，再以財生財。故其人會向財富上發展，而不會向讀書致仕上發展。故能成為大富及企業創辦人。因為『陽梁昌祿』格的各個星曜分佈在『命、財、官』，分佈得很好、很平均之故。(張榮發先生的命盤在138頁)

『陽梁昌祿』格在『夫、遷、福』出現對人之影響

其實，『陽梁昌祿』格在『夫、遷、福』等宮出現，或在其他宮位如『父、子、僕』或『兄、疾、田』出現，大多不會以讀書致仕做人生目標了。也大多讀書不一定能讀得好，或根本不喜歡讀書了。不過，『陽梁昌祿』格在『夫、遷、福』等宮的話，讀書會還可以的，至少有大學畢業。

我發現：『陽梁昌祿』格離『命、財、官』愈遠的人，愈不喜歡唸書。例如被稱為平城怪物的日本棒球明星『松阪大輔』的『陽梁昌祿』格在子、田二宮，大概只能期望家裡的小孩能讀好書了吧！

『陽梁昌祿』格在『夫、遷、福』等宮出現時，表示貴格是由該人存在的環境逐漸影響到其人內心世界而形成主貴現象的。

現在我們來看看美國知名的房地產大亨川普的『陽梁昌祿』格，在川普的命格中，太陽在遷移宮，有太陽、太陰並坐，是太陽居陷、太陰居廟的。有天梁居陷和祿存同在巳宮之中。另外天梁和祿存相照亥宮的文昌化

科(此宮也有天同化祿)，這是一個折射的『陽梁昌祿』格，而且條件不算好，太陽、天梁皆居陷，文昌化科居平。但仍為具有稍微小的貴格，其實他的命格主富比主貴強。但因為有此格局，才能使他在小的時候性格急躁、有躁鬱症(因生於夏季、八字火多)，和家人不和、無法唸書、被父母送去軍校。這也是他幼年大運不好之故。但十八歲流年逢文昌運(在『陽梁昌祿』格上)考上長春籐聯盟的一流學府，從而得到商業領域知識與『市場行銷』的能力，再加上虎年之『鈴貪格』而大發財富。貴格的考試運改變了他的人生環境，再由環境改變了他人生的境界，所以在其家人及外人眼中看來，這也是其個人的奇蹟吧！

川普 命盤

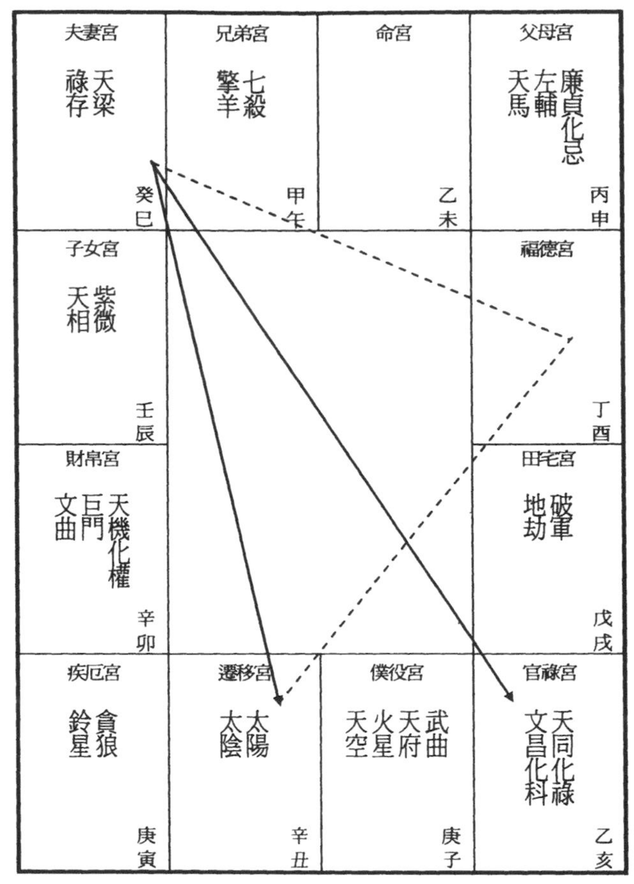
夫妻宮
天梁 祿存
癸巳
兄弟宮
七殺 擎羊
甲午
命宮
乙未
父母宮
廉貞化忌 左輔 天馬
丙申
子女宮
紫微 天相
壬辰
福德宮
丁酉
財帛宮
天機化權 巨門 文曲
辛卯
田宅宮
破軍 地劫
戊戌
疾厄宮
貪狼 鈴星
庚寅
遷移宮
太陽 太陰
辛丑
僕役宮
武曲 天府 火星 天空
庚子
官祿宮
天同化祿 文昌化科
乙亥

『陽梁昌祿』格在『命、官、夫、遷』出現，對人之影響

『陽梁昌祿』格在命宮及官祿宮出現，已會主宰其人一生命運，以及其人出生時間就是要來做某些可出名之事了。其人的企圖心會非常之強烈，這也代表其人之本命已被時間鎖定及上蒼賦予使命及責任了。貴格在夫、遷二宮出現，則是環境與內在心理對其的影響。

我們看老虎・伍茲的命盤格局中，有天梁化權居旺的命宮，表示他已被上蒼和他父母選為要出名，以改善家計之人。當然他也強烈的要出名及出人頭地。太陽在官祿宮是指強旺的事業運是在男人群中可獲得。還好，這兩顆貴格的主星也非常得位的居於命、官二宮，而文昌在夫妻宮，居平，表示內在心理模式和計算能力平平，因此審美能力、講求階級地位的自傲心理也不會太高，又有巨門同宮，可能是非和內心掙扎更多，也會有自卑感也不一定。而祿星在遷移宮為天機化祿居廟，表示在環境中要用天天上

班，持續的努力才能得財。此外，他命中還有『武貪格』偏財運格，可一起幫忙他得大財，事業大躍進。不過田宅宮為『武曲、擎羊』刑財格局，終是『有財沒庫』。留存不住的命運。(老虎・伍茲的命盤請參考142頁)

又例如：

老總統 蔣介石先生的命盤中有『命、夫、福』架構中有『陽梁昌祿』格。

在老總統 蔣介石先生的命盤中，我們可以看到：太陽星在夫妻宮在丑宮和太陰化祿同宮並坐，而太陽居陷，太陰化祿居廟。而天梁在福德宮居陷，又和陀羅、鈴星同宮，身宮又落在福德宮。

在此命盤中，『陽梁昌祿』的兩顆主星都居陷，又在不顯眼的內心世界的層次。文昌居平在命宮中和天機化科居廟、巨門化忌居旺一起同宮。因此其人的智商高、幹練、計算利益的能力是和是非糾紛在一起運作的，當然是對於政治鬥爭的想法，是和常人有不一樣的思維模式的，同時也是比常人有更複雜、更纏繞不清的糾結模式的。但是其人真正的學歷是不高的。雖然很愛表現出愛讀書的外表形象，但實際以武職出身。這只是其人掩飾內心的自卑感，怕人覺得他是老粗而已。這也是他心思縝密，但又自苦的內心煩惱之一吧！此『陽梁昌祿』格為折射的『陽梁昌祿』格，先由巳、丑、酉宮形成三合，再由卯宮的文昌照射到酉宮而完成折射的『陽梁昌祿』格的形式。

老總統 蔣介石先生 命盤

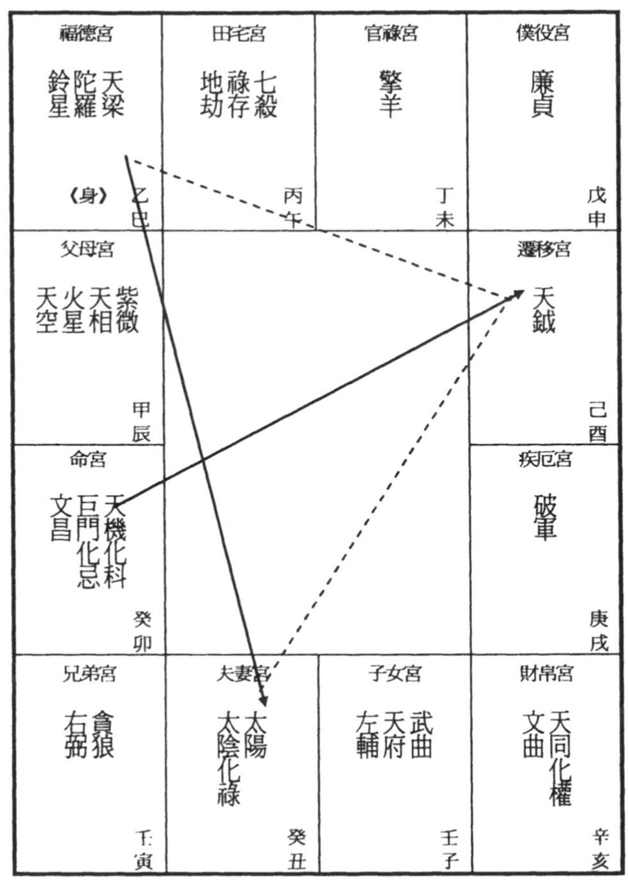
福德宮
天梁
陀羅
鈴星
《身》
乙巳
田宅宮
七殺
祿存
地劫
丙午
官祿宮
擎羊
丁未
僕役宮
廉貞
戊申
父母宮
紫微
天相
火星
天空
甲辰
遷移宮
天鉞
己酉
命宮
天機化科
巨門化忌
文昌
癸卯
疾厄宮
破軍
庚戌
兄弟宮
貪狼
右弼
壬寅
夫妻宮
太陽
太陰化祿
癸丑
子女宮
武曲
天府
左輔
壬子
財帛宮
天同化權
文曲
辛亥

在父、疾二宮出現的『陽梁昌祿』格

在包括父母宮、疾厄宮出現的『陽梁昌祿』格，其人能達成主貴之成就則多半與父母有關。這裡我們可以看到很多人的例子。

例如：

蔣夫人宋美齡女士的『陽梁昌祿』格是由父母宮、疾厄宮、田宅宮、兄弟宮四宮所形成的。太陽在父母宮、天梁在田宅宮、文昌在疾厄宮、化祿為太陰化祿在兄弟宮。是由申、子、辰三合宮位串起天梁、文昌及化祿，再由太陽照射申宮而形成的。

由此可見，宋美齡女士的主貴現象和其家族有關，和其父母有關，雖然父母宮有巨門化忌和太陽同宮，父母很囉嗦，愛罵人，要求多，也會頭腦不清以及和父母緣薄，但不妨礙『陽梁昌祿』格。但會繞遠路，會耽誤一些時間，財走到主貴的運氣。

實際上，宋美齡女士在32歲時在家人的安排下和蔣公結婚。這也是繞

遠路的原因了。她也是從小在美國學校寄宿讀書，和父母聚少離多的狀況了。（蔣宋美齡女士命盤在110頁）

又例如：

張學良先生的命盤中之『陽梁昌祿』格，是由父母宮、疾厄宮、僕役宮所形成的。父母宮有太陽化權居旺，疾厄宮有天梁居廟，由此可見其得到父親東北王張作霖有力傳承之作用了，把畢生經營之王國全留給他了，讓其得以主貴。再之，有『巨門化祿居陷和文昌化忌居陷、擎羊、鈴星』在僕役宮而組成略帶折射形式的『陽梁昌祿』格，此格局是由太陽化權和天梁在子午宮相照，力量很強，再由寅、午、戌三合宮位把太陽化權和巨門化祿、文昌化忌三合到一起而形成的。僕役宮有這麼多煞星，有擎羊、鈴星皆居廟，又是『祿忌相逢』為『祿逢沖破』，因此其人一生會為朋友、部屬所害，更是因為頭腦計算利益的精明度極低，頭腦壞掉了，因此會聽信別人的讒言，發動西安事變，而讓蔣介石能將他歸為『歷史罪人』這不是自己笨嗎？

在這個貴格中，所幸太陽化權與天梁皆在旺位。否則光憑他遷移宮有『天相、天空、地劫』是早該身首異處的，但受監禁，也等於遷移宮空空如野，故能苟延殘喘活到百歲，給他們張家留下後人。沒殺他，這也是蔣介石對他們張家的大德一樁了。

（張學良先生的命盤在152頁）

又例如：

大陸主張改革開放的前領導人鄧小平先生命盤上之『陽梁昌祿』格是由父母宮、兄弟宮所形成的。看起來只有兩個宮位，父母宮有『太陽化忌、文昌』會照射到戌宮，再由寅宮之『天同、天梁、祿存』以寅、午、戌三合宮位的方式將之三合起來所形成的。也因為父母宮有太陽化忌居旺，因此會和父母家人有緣薄，無法一起生活之現象，如父易早死，及其一生很少回故鄉四川，全在外地起起伏伏。也因為有太陽化忌的關係，一度被鬥爭得很厲害，其人也會讀書沒文憑，例如他曾留學法國，但並不見得有學憑。其人一生善於爭鬥，但因『文昌和太陽化忌、鈴星』同宮的關係，表示其人也會和父母一樣在精算利益的能力上雖很強，但會往古怪的、不按牌理出牌的方式來做古怪的計算與施行，有時也可以矇得很對，有時也會因男性長輩或同僚而遭致災禍，例如他遭毛澤東之鬥爭多年，差點被鬥死。又例如他獨排眾意，倡行改革開放，而看中國大陸今日之繁榮，成為功不可沒的功臣。

本來在『陽梁昌祿』格中，主貴的星曜分散在父母宮、六親宮，其貴是由父母、家人而起的。但是有太陽化忌在父母宮時，則表示其人必須是離開父母才能主貴。而且容易貴不久。（鄧小平命盤在131頁）

在兄、疾、田、僕等閒宮出現的『陽梁昌祿』格

又例如：前台灣首富蔡萬霖先生命盤上之『陽梁昌祿』格，是由兄弟宮、疾厄宮、僕役宮、田宅宮等閒宮所組成的。

其人的太陽在疾厄宮，為『太陽化忌、居旺』。天梁及祿星在僕役宮，為『天同、天梁、祿存』，天梁及祿存皆居廟位。而文昌居旺在兄弟宮。看起來這些星皆居旺、廟的旺度，但太陽星卻是帶有化忌，主星居旺帶化忌時為有古怪現象。因疾厄宮和父母宮相照，也代表遺傳、傳承，有化忌時，其父也會早亡。表示長輩運不佳。太陽又代表工作、前途，有化忌時，也代表會走很多冤枉路再轉回其人該走的本業，故其人早年賣醬油，後來做過很多行業才做到賺錢的保險業行業。其人的天梁星和文昌星、祿星在僕役宮和兄弟宮，表示其人是因同輩(平輩)的幫忙而能得貴人財。所以這個以天梁、祿星在寅宮先照射至申宮的文昌，再由太陽化忌所在的辰宮，

▼ **使你升官發財的『陽梁昌祿』格**

將申、子、辰三合起來而形成折射的『陽梁昌祿』格。也因為此貴格帶化忌的影響，其人不會向讀書的高學歷或做公務員、官員的路子上走，而會走向經商，因為精明幹練、計算利益的能力都還是一流的嘛！最後『因富致貴』。(蔡萬霖先生的命盤在133頁)

第六章 『陽梁昌祿』格的貴格之影響力等級

在『陽梁昌祿』格中，這個貴格的影響力，會因太陽和天梁兩顆主星是否居旺，又帶有化權、化祿，而對貴格有超級影響力。因為這個貴格最主要的架構仍是由太陽、天梁這兩顆星而來。自然他們的影響力是超級大的。當這兩顆星居旺時，已是十分強勁的貴格了。再帶化權，便是功力又增加一、二倍，其力道更強。

第一節 貴格為太陽化權居旺的影響力

當『陽梁昌祿』格中之太陽化權居旺時，表示此人之貴格一定為第一等之主貴現象的。而且具有最高權力、地位，讓人十分景仰的。

但是，太陽化權是辛年生人的特權擁有形式，辛年生人也同時具有『文昌化忌』，文昌這也是『陽梁昌祿』格中重要成格的一員。因為當其人有太陽化權時，必有文昌化忌在貴格之中。也因此成敗高低及波濤起伏就十分明顯的出現在其人的人生命運之中了。

我們看最著名的少帥張學良的命盤中之『陽梁昌祿』格中，對其人而言，好也好在有太陽化權在父母宮，父親『東北王』張作霖把江山傳給他，使他繼續做『東北王』。但僕役宮的『文昌化忌居陷』又和『巨門化祿、擎羊、鈴星同宮』，聽信小人之言，又敗了自己的江山和前途。這個人一生的轉折很大、很慘，其人是不是敗在他的『陽梁昌祿』格之下了呢？

（張學良先生命盤在152頁）

我們再看章孝嚴先生命盤中之『陽梁昌祿』格之太陽化權，這個太陽化權和太陰同宮於丑宮，也為官祿宮。這個太陽化權是居陷的，因此不強，是在事業上或對男性暗中使力可以，但未必會有效或未必成功。而其文昌化忌居廟和天梁陷落在財帛宮中，表示在錢財上沒有貴人財，又本身計算利益的能力是帶有是非、頭腦不清的。其人本命有祿存，有衣食之祿，但常為錢財所苦，唸書、工作也得不到自己想得到之大財。但工作還是必須做的，不工作更無財可得，會更苦。而且他的遷移宮有『天機、巨門化祿、鈴星』，表示用古怪聰明的方式去用嘴巴向人說好話要錢，是可以得到非常不錯之錢財收入的。此種命格主要是因為其本人的八字是『籐蘿繫甲』格的關係，是靠人得貴，依靠人生活的命格使然。

我常說過：人生成什麼命格，都是當時那個時間點上，環境之需要而產生的人命格。所以人都是時代、時間的產物。雖然人好像要過了二十年才長大成人，才讓人開始感覺命運的運作。其實人的命運是一直在運作的。就像章孝嚴先生的『陽梁昌祿』格主體是在『命、財、官』所形成。而又是帶化權、化忌的貴格，又是事業不顯、貴人居陷的古怪格局，其父母宮又是『破軍、擎羊』，代表與父母無緣，生離死別。此格要唸書才會格局高一點，但有文昌化忌，也容易所學無所用。也不會靠所學的科系項目來工作，掙錢吃飯。結果還是靠先人給的口惠而生活。這就是命呀！

使你升官發財的『陽梁昌祿』格

第二節　貴格為太陽化祿的影響力

當貴格『陽梁昌祿』格中之太陽為太陽化祿居旺、居廟時，表示其人一定是庚年出生的人，又表示此人主貴之人生格局一定和強旺的事業有關。其人的財富也出自於事業工作之上。而且這個人會在其業界成為舉足輕重的重要角色，地位很高，也能受人景仰、尊重。

因為庚年生的人，命格中還有一個重要利器就是武曲化權了，如果武曲化權再加上對宮或同宮有貪狼，就能形成最強的『武貪格』，也就能成為鉅富了。像比爾・蓋茲、英國維京集團的老闆布蘭森全是具有這種暴發運格式的命格，因此能大富。

太陽化祿也能給人帶來財富，但是一種普通的，為日以繼夜工作的，或是和公職有關的財富。有些人用太陽化祿做大企業、大公司，可做到知名企業或公司而賺到錢。像台積電公司的張忠謀先生或廣達電子的林百里先生都是具有這種格局的人。有些人是利用公務員考試升等，或利用讀書取得高學歷直接銓敘最高的職階，而賺取高薪，漸漸積存致富的。當然！這個太陽化祿就太幫助人朝向好的一面發展，就太美妙了，也可讓人始終高人一等。這也是一般命理家所言之『財官並美』之格局了！

但是！每個人的財富都等比不一樣喔！同樣有太陽化祿的人，有的人像比爾‧蓋茲，或布蘭森，在一百一十個國家中設有公司，又有可樂公司、鐵路公司、航空公司，富可敵國。有的人像馬英九、黑澤明，一個做台灣的公務員而熬到總統，雖也有財富，但那是薪水累積起來的，做部長也有二十萬到四十萬的薪水，比當美國總統還高，自然能累積財富。但比起比爾‧蓋茲和布蘭森來說仍是小小巫了。那位黑澤明先生曾有一度因經濟拮据，拍不成電影而自殺被救回。同樣也是有太陽化祿的貴格，為何差這麼多？

這就是說：格局雖外觀美麗漂亮，但仍要小心外在的刑剋的！

前兩人，包括比爾・蓋茲及布蘭森，他們都有『陽梁昌祿』格，但又結合了『武貪格』、『武火貪格』的暴發格，因此其人能成為鉅富。馬英九先生和黑澤明先生兩人卻沒暴發格(又稱『偏財運格』)，因此他們的財富所得，只能靠一般的工作所得而成就自己的事業及財富規格了。

另一方面，老天爺也給他們兩人在貴格上做了記號，要他們在主貴與主富中選一樣。

在馬英九先生的貴格是所有的貴星集中於官祿宮，而官祿宮的對宮夫妻宮中有『擎羊、左輔』，因擎羊對沖『陽梁昌祿』，實際上很危險，很可能沖掉貴命，或使貴顯減輕。幸虧八字生的好，有火局生日主己土，年、月干上又有財、官、印之組合，命格即為『建祿』，也多食祿生財。並且年、時上互換貴人，因此命格主貴的成分高。

通常在命理學中，以主貴為最強之命運，以主富為次等命運，也有以富致貴者，做了大商人，再兼政府職務的顯達之人。這種命貴為次等命格。但現今喜歡主富的人，比喜歡主貴的人多，但仍不能改變命理上命格品定的品級的。

另外，我們看！在黑澤明先生的命盤中，也是有擎羊、右弼在夫妻宮，相照官祿宮的『太陽化祿、天梁、地劫』，他的官祿宮比馬英九先生多一個地劫星，其職業和政治上主貴的高度就差很多了。

因為有了地劫，他從事的是藝術電影行業，不會在政治上角拼，而是要用極高的天馬行空的、自由的智慧來取貴。自然多次在世界級的大獎中奪魁。

但他的『陽梁昌祿』格也是受到對宮『擎羊、右弼』的沖照，在工作上會斷斷續續，有時也會心裡過度敏感、痛苦。這和馬英九先生一樣，會因情緒的低落而影響到貴格和名聲。這顆擎羊星，自然也刑剋到太陽化祿的財富，使他們無法做富翁了。並且使其人工作的形式和工作所賺取的錢財規模也變小了。只是在薪水階級上活動！

黑澤明 先生命盤

遷移宮 天機 火星 左輔 辛巳	疾厄宮 紫微 文昌 壬午	財帛宮 陀羅 鈴星 天空 癸未	子女宮 破軍 祿存 文曲 甲申
僕役宮 七殺 庚辰	土五局	1910年3月23日	夫妻宮 擎羊 右弼 乙酉
官祿宮 太陽化祿 天梁 地劫 己卯			兄弟宮 廉貞 天府 丙戌
田宅宮 武曲化權 天相 戊寅	福德宮 天同化科 巨門 己丑	父母宮 貪狼 戊子	命宮 太陰化忌 丁亥

馬英九先生 命盤

遷移宮 天機 右弼 辛巳	疾厄宮 紫微 地劫 壬午	財帛宮 陀羅 癸未	子女宮 破軍 祿存 火星 甲申
僕役宮 七殺 天空 庚辰		陽男	夫妻宮 擎羊 左輔 乙酉
官祿宮 太陽化祿 天梁 文昌 己卯		庚寅年	兄弟宮 廉貞 天府 文曲 丙戌
田宅宮 武曲化權 天相 戊寅	福德宮 天同化祿 巨門 己丑	父母宮 貪狼 戊子	命宮 太陰化忌 文曲 丁亥

維京集團總裁 理查・布蘭森 命盤

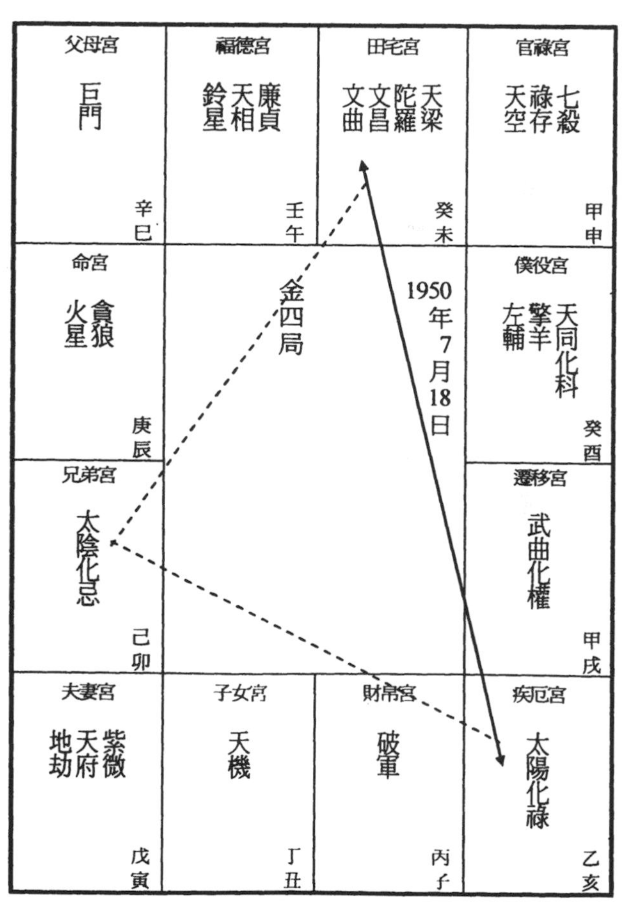

父母宮
巨門
辛巳
福德宮
廉貞
天相
鈴星
壬午
田宅宮
天梁
陀羅
文昌
文曲
癸未
官祿宮
七殺
祿存
天空
甲申
命宮
貪狼
火星
庚辰
金四局
1950年7月18日
僕役宮
天同化科
擎羊
左輔
癸酉
兄弟宮
太陰化忌
己卯
遷移宮
武曲化權
甲戌
夫妻宮
紫微
天府
地劫
戊寅
子女宮
天機
丁丑
財帛宮
破軍
丙子
疾厄宮
太陽化祿
乙亥

法雲居士⊙著

成功的人都有成功的好朋友！失敗的人也都有運程晦暗的朋友！好朋友能幫助你在人生中『大躍進』！壞朋友只能為你『扯後腿』。

流年朋友運能幫你提升交朋友的層次，進入成功者的行列！每一個人想掌握交到益友、欣逢貴人的契機！『時間』就是一個不容忽視的關鍵！

『紫微成功交友術』，就是一本讓每個人都能掌握時間交到益友的一本書。同時也是讓你改變人生層次的一本書。更讓你此生不虛此行！

第三節　貴格為天梁化權的影響力

在『陽梁昌祿』格中，當格局中有天梁化權居旺或居廟時，表示其人一生的生命任務就是來因某事而出大名的。也表示其人一生以完成父母或祖上所交待的任務為己任。一生努力不得休息。也因為天梁是蔭星，受上天與長輩之蔭庇。天梁又為復建之星，故要彌平災難所留下之後遺症，幫助重建新秩序。

又因為有天梁化權時(乙年生人)，必定有天機化祿或太陰化忌在天梁化權的同宮、對宮或三合宮位處。因為天梁又是『機月同梁』格中的重要一環之故。是故，天梁化權的財是薪水之財、名氣之財，但三合或近處又有太陰化忌的影響，也會薪水不穩定，或因情緒問題起糾紛而財少。

高爾夫球名將老虎‧伍茲的命格中，有天梁化權居旺入命宮，這表示其人天生是受到蔭庇，必會出大名，也必會為自己家庭的窮困而做復建工作的。他也負有為父母沒沒無名的人生做反敗為勝的任務。此人目前雖有錢，大運正在『陽梁昌祿』格的格局上，下個大運走『武貪格』的大運，都是會賺錢的運。但其人財帛宮就有『太陰化忌、鈴星』，是財來得快又去得快的格局，到四十六歲以後就會逢這個太陰化忌的大運了，老年運也不佳，其田宅宮正為『武曲、擎羊』是刑財格局，因此表示要擔心破財與受苦之事了。況且，田宅宮是男性蓄精之所，有『武曲、擎羊』的刑財格局，表示性能力並不強，既然搞外遇，及做花蝴蝶，在外亂竄，應該是心理不平衡，不滿足而亂搞吧！我們可看到其人之身宮落於夫妻宮有『巨門、文昌』，文昌居平、巨門居旺，因此內心常爭鬥不滿足，其人也會和配偶多爭執，配偶亦是口才特佳，得理不饒人的厲害。不過，他如此的亂搞，只會傷自己的財和名聲而已。他的財是靠名聲而來。否則就無名也無財了。

天梁化權居旺的影響力

命格是天梁化權居旺或居廟，也不是每個人都能具有這麼大財富的，這當然首先要看八字，再則要看是否能形成『陽梁昌祿』格，無貴格的人，會靠其他才能生財。另外要看命盤格式為那一種，以及對宮相照的星是什麼而定命格高下及財富多寡。

曾經有一位學生是『天梁化權』坐命午宮的女性。『天梁化權』是居廟的，其人離過婚，在律師事務所當接線生，很厲害，工作二年，釣到簽約律師而結婚，開始在家享福帶小孩。帶自己的與配偶前妻所生之小孩。這人自信超強，常以自己的命格來質問我。例如：我為什麼沒唸書？沒有高學歷？我為什麼沒有像某人那麼有錢？我到底有多少財富？上課時一直重覆在回答她這些問題，不知到底是來算命的？還是真來學習命理的？

『天梁化權』在命宮，自信心超強，但也要看八字如何?出生在什麼樣的家庭、環境、命盤格式、命理格局全很重要，缺一不行。不論命格是太陽或天梁，一定要有『陽梁昌祿』格，其人才能有用，能做大事，也會有富貴。沒有貴格的人，就被打入平民階級，能尋求溫飽已是不錯的命運了。其人也會外在強勢，內心懦弱、自卑，運不佳時更難爬起來。

天梁坐命的人都有桃花很強的趨勢，有天梁化權時，會自以為自己有權力主導桃花，自然外遇及婚姻不幸的成分加重了。又因為天梁坐命者的夫妻宮都有巨門星，代表其人和配偶或情人容易發生口角是非、糾紛。有天梁化權坐命的人，會更頑固自大的讓配偶受不了而爭吵。事實上，他們在未婚前交往期就已爭吵不斷了。因此天梁化權坐命的人，婚姻是不被看好的，尤其是坐命子、午宮，夫妻宮為巨門陷落，又加煞星很多時，婚姻是難保的。

天梁化權居陷的影響力

當天梁化權居陷時，還是可形成『陽梁昌祿』格，但常會有點『貴不足』，或是少祿、缺祿，而不能形成格局。

例如：當天梁化權居陷在巳、亥宮時，其人是懶惰又脾氣倔強的。貴人運不足，其人在做事方面愛管不管的，想管又管不了，自己本身的領導能力就不佳，又想坐享其成，當然，結果是不好的囉？通常有這種形式的天梁化權居陷時，全在卯宮有天機化祿及祿存，常常也會格局中無文昌星而無法形成『陽梁昌祿』格。就算也形成了，也會因為有太陰化忌和太陽同宮，而使其人不會走貴格的路，讀書讀不好，或半路停頓，轉向其他求財的方向去了，而終身一事無成。

如果是在申宮的天梁化權居陷，會和天同同宮，三合宮位有太陰化忌

▼使你升官發財的『陽梁昌祿』格

居陷，此形式也是極不容易形成貴格的，自然財富就更少了，能顧到吃穿就很不錯了。

第四節　貴格為天梁化祿的影響力

當『陽梁昌祿』格中之天梁化祿居旺、居廟時，表示其人為壬年生人，也表示其人之蔭神蔭庇他主貴，也會給他財富讓他救濟其他人。這也是天梁化祿會帶有包袱的原因。

天梁化祿居旺時，有名聲帶來的財富，也有上天或祖先給的財富，但自己不可獨吞用完，要照顧其他的窮人，才能完成其生命任務。否則其人財富也不會多，也不容易留住。

就像前總統李登輝先生是天梁化祿坐命者，其生命任務是補救政治的空檔，在政治鬥爭中的各方勢力中取得平衡機制，使同船共渡之人不會翻覆、一起滅亡。因壬年有武曲化忌，便是他最窮、最要擺平之事了，李先生的武曲化忌在僕役宮，是『武曲化忌、破軍』，表示其人的部屬或朋友都較窮，又衝動愛破財。也表示會有古怪的軍職朋友，也會對他不利。但財窮的話，事情好辦，給錢就行了。因此李先生在當總統十二年期間，為了安撫這些部屬真的花了國家不少錢。

李登輝總統的『陽梁昌祿』格，在『命、遷、夫』三宮組成，故其人本命主貴，也知道要上進唸書，才能高人一等。因此四十歲還負笈美國唸博士了。所以有貴格的人，是自己知道要上進，要達到那個主貴標準的，如果有貴格而沒有唸書去取得高學歷的話，那一定命格中貴不足，或有頭腦不清的問題了。

天梁化祿居旺坐命一定會有特殊的人生任務

我有一位和尚學生，來學紫微的時候穿和尚衣、頭有戒疤。此人為天梁化祿居旺坐命未宮。只要看看他的武曲化忌在那一宮，便知道他的今生為何而來。他的武曲化忌加陀羅、鈴星在田宅宮。家中始終不寧，父母不和、多病、烏煙瘴氣。十幾年前父親先離世，數年前母親也走了，留下一些破爛不算值錢的房地產好多棟和不少債務。他便將家中改成佛堂，母親在時，他已出家。這個人的人生任務是什麼呢？其實是來救助他的家庭，來幫忙還債，來使家庭命脈延續的。後來那些破爛的房地產也漸漸值錢了。以土地和房地產公司合建，也賺了不少錢。據說已娶妻生子了。這還真的是來為他們家延續後代的呢！

天梁化祿居陷的影響力很差

天梁化祿居陷在巳、亥宮時，同宮或對宮會有祿存。雖然是『雙祿』格局，其實是有飯吃，有工作就不錯了。命格中主貴的成分很低，要靠這種貴來帶財就更低微。因此財少，做教師，或上班族、薪水族，小心翼翼，不要失去工作就不錯了。如果失去工作，也會有人介紹給他，但會附帶條件而成為他的包袱。

▽使你升官發財的『陽梁昌祿』格

天梁化祿是得貴人財，居陷時，則貴人財少，或無。天梁化祿居陷，只在巳、亥、申宮三個地方出現。如果入命宮，其父母宮或疾厄宮(相照父母宮)必會有『武曲化忌、七殺』，則表示其人必有窮的父母，或有債務糾紛的父母，或病痛的後遺症留給他作為包袱。因此此人的財富則不會很多了。

第七章 『陽梁昌祿』格對每個人人生關鍵點的幫助

大家都知道，每個人只要命格中擁有了『陽梁昌祿』格，便從小會讀書，不用父母打罵管教，就會自動自發的自己唸書了。但是大家還是不會知道到底『陽梁昌祿』格對我有什麼用處呢？

雖然我在前面舉出十二個命盤格式中，每一格式中的各種『陽梁昌祿』格之形式，但是這世界上的人真正有『陽梁昌祿』格的人，只有五分之一的人有此貴格。而且還分為很多等級，主貴的成分分了很多等級，帶財富的多寡也分了很多等級。因此，『陽梁昌祿』格會帶給人的幫助及製造人生至高境地的作用也就逐一不同。

但是，『陽梁昌祿』格難道只對擁有它的人會有效產生作用，對一般人就完全無用了嗎？

▼使你升官發財的『陽梁昌祿』格

其實不然！它對一般無此格局的人仍會十分有用，只是大家不瞭解而已。現在就來講講『陽梁昌祿』格對每個人在人生關鍵點的助力作用，同時也提供大家可利用『陽梁昌祿』格的方法。

第一節　利用『陽梁昌祿』格的時間來讀書

很多人有很頑固的想法，他們認為會讀書是命格中有『陽梁昌祿』格的人的特權標記。因此我自己因為沒有此格，所以不會讀書，也就一籌沒展了。其實，儘管你的『陽梁昌祿』格不成格局，我還是可教你如何把書唸好。這要如何做成呢？現在來告訴你！

有很多人命格中沒有『陽梁昌祿』格，或是有『陽梁昌祿』，沒有祿星，或是文昌居陷，而天生不愛唸書，但是在求學期間還是要唸書，即使是做球員、運動員，也常要比賽、應試、比技術，這些還是要考試。凡任何形態之考試皆歸於『陽梁昌祿』格之管轄範圍。因此每個人一生會經過無數的大小考試。故而每個人一生和此貴格擦身而過的情形也不下數百、數千次。你想！你要如何面對如此的考試境界呢？自然，有很多人在惶恐不安中渡過，也有很多人在想唸又不想唸中掙扎渡過。

其實，現在教你一個絕妙又有效的讀書方法，就能使你事半功倍的唸書，而毫無痛苦的、煩惱的掙扎了。

如何利用『陽梁昌祿』格的時間來唸書

在每個人的命盤上都會有太陽、天梁、文昌、祿存、化祿等重要的星曜。有的人配合得好，而形成『陽梁昌祿』格。自然，有此貴格的人就在考試前選擇此貴格的代表時間讀書就很好了。事實上，**每個人在逢太陽居旺、天梁居旺、文昌居旺時**，會愛參加考試，也愛讀書一點。**但如果你的文昌居陷、或祿星居陷的話**，就選擇『太陽』的時間或『天梁』的時間來讀書吧！會有不錯的效果。

如果你的命盤中，太陽居陷、天梁也居陷，如『紫微在辰』或『紫微在戌』命盤格式，這兩個時間仍可用，只是唸得慢一點，記得慢一點而已，暴躁一些而已，也還是可以用的。但這兩個命盤格式中，還是有好時間可利用唸書。

如果你的命盤中，有太陽化忌或文曲化忌、文昌化忌、或太陽和巨門化忌同宮，則請不要在此時間讀書，否則會愈唸愈亂或曲解了書中的意思而把課文念錯了。當有這些化忌時，唸書是無效的，也會考不上的，或是考上了，卻又被刷下來，空歡喜一場。

有些人到了三十、四十歲才想考公務員職務的人，常是因為窮又不想做其他辛苦的事，因此長期以考試為藉口來讀書，但總是無效，考也考不上。就來算命，想算算看何時能考上？其實他本人根本沒有讀書習慣，沒多碰書，如何能考上？有些人常碰書，每天抱著書，但沒有看進幾個字。同樣沒效果。通常我算到這種人的命，會是勸他別去考了，省得浪費報名費。但他們會堅持要考，這樣的話，就會教他們如何有效的讀書？在何時讀書能有效果。如果能按照我給他們開的讀書時間表，總是上榜有望的。我給很多人開過這種讀書的時間表。

現在我拿一個幫一個曾在台工作的美國女性諾瑞(Loria)的例子來解釋如何幫她規劃讀書時間的，成效有多高。

諾瑞原本是我女兒公司的外籍顧問。她和一位帶有山地血統的中國男子談戀愛。戀愛三年，吵翻了分手，內心很沮喪，想回美國去，但聽說台灣算命很厲害，就找了同事打聽，而介紹來我處占卜前途。

諾瑞已經四十歲了，結婚三次，來台灣時為單身。經常談戀愛，但總以爭吵收場。諾瑞是『太陽、擎羊、右弼』坐命子宮的人，對宮(遷移宮)為天梁化祿，因此形成『陽梁昌祿』格帶擎羊。

諾瑞的性格表面看很開放，大眼、大嘴，十足美國中部人的豪爽，眼睫毛像毛毛蟲樣的閃呀閃的，但實際上她內心很保守，一談到她的戀情，便哭得淅哩嘩啦，讓人不知要怎麼安慰她。其實，她的感情模式很簡單，她的夫妻宮是『天同、陀羅』，她每次都找一些外表還帥氣，但性格溫和、頭顱圓圓的，有些笨笨慢慢的男性來談戀愛，基本上這些男性有個共通點是性格悶悶的，嘴上不太說話，但內心世界很複雜，性格也多彆扭，也易和人不和，多是非的人。

而諾瑞這個人呢？她是一個剛開始和情人感覺很好，便什麼也不在乎，只要開心就好，很快同居在一起，隔幾個月摩擦就來了。

剛開始她對錢也不在乎，幾乎家用都是她搶著付。但時間久了，或男朋友的態度沒那麼熱情了，便開始計較起來，愈計較，爭執愈多，就容易鬧翻了。事實上，她需要聰明的男人稍微哄一下便萬事ＯＫ了，但她找的男性都不太聰明，而且這些男性有各式各樣外界的壓力。例如在台灣的這個男友的壓力便是和外國女孩談戀愛，而公司同仁以異樣眼光來看他們，使該名男友心裡很不自在。

何況，**命宮有擎羊的人，內心都有很多私心**，希望所有的人都對她一個人好，不能有丁點不好。否則那麼一丁點的不好，也會被放大。

諾瑞決定回美國了，她想去唸完碩士課程，想去住在她已寡居的老媽媽那裡，但她從小與母親不和，常起衝突，因此又不知道該不該去。況且該母親看到她現在落魄的樣子，肯定會被數落，也使她內心有些徬徨。想去唸書又不知唸不唸得完，而且又要找打工的工作來生活也不知是否順利？

諾瑞的父母宮是『天府、火星』，其實媽媽還是對她很好，只是沒耐性而已。諾瑞自己本身太敏感，稍微感覺不對，就會大發脾氣，以致母女不和，但媽媽現在老了，又獨居，是需要照顧的，因此我建議她在母親家附近找房子居住，母女間稍為有點距離，感情會好很多。

現在讓我們來看看我幫諾瑞規劃的讀書時間表。

先找出一天中的好時間

諾瑞一天中的好時間有丑時，為天府運，會一板一眼。寅時為機陰運。心情多變，吉中帶兇。卯時，為紫貪運，是平安享福，又帶點貪心的運程。巳時，為天相運，心情平順，為勤勞的福星，愛整理東西。午時，為天梁居廟運，是最喜歡照顧人，或是求知慾最強的時間。酉時，雖是空宮，但有對宮紫貪相照，也算是好時間。子時，有『太陽、擎羊、右弼』同宮，太陽雖陷落，此時間會內心悶悶的，煩惱多，但好競爭，如果能賭一口氣，也能臥薪嚐膽的發憤讀書而有好成果。

因此，讀書的好時間就出來了，是巳時、午時，跟晚上的子時、丑時最佳。

其他的好時間因白天要打工，則早上到中午休息時可看一下書，到晚上回家時可再努力一下。例如放假日，早上巳時也可看書會有效。

那些不能用的時間是為什麼呢？例如『巨門陷落』的辰時，會多是非口舌，心情煩亂，唸不下書。紫貪的卯時，會交際、應酬多，騷擾到唸書，心情靜不下來。未時，廉殺運，很忙又笨。空宮機陰運，會東跑西跑，靜不下來。戌時的『天同、陀羅、文昌』運，雖溫和、很笨、會記不得，又白唸。亥時的武曲化忌、破軍、祿存、天空、地劫運，是一個什麼也做不成事的時間，有時只會頭痛感冒生病而已。其實到子時她便會因生氣而發憤圖強了。

人一天的情緒這麼多變化，有不有趣？**但是每個人都逃脫不了自己的命盤時間**。

諾瑞是在龍年巨門陷落運來找我算命的。命中有『陽梁昌祿』格的人一定會成大器的。我鼓勵她去把碩士學位拿到，未來即便在大學教書也好。**諾瑞回美國後依照我教她的方式和母親相處**。因為母親也是有她一個小孩。也依照我告訴她的好時間讀書。兩年後在馬年走天梁運時，碩士畢業，立刻赴紐約工作，是在牛津大學駐紐約的辦公室做負責人，專門負責牛津大學所出版的書籍在美銷售事宜。聽到這個消息，大家都為她高興，因為這也是個不小的官呢！自然！她仍天天在談、在尋覓她的愛情啦！

諾瑞（Loria） 命盤

僕役宮 天相 乙巳	遷移宮 天梁化祿 丙午	疾厄宮 廉貞 七殺 丁未	財帛宮 戊申
官祿宮 巨門 甲辰			子女宮 己酉
田宅宮 紫微 貪狼 鈴星 癸卯			夫妻宮 天同 陀羅 文昌 庚戌
福德宮 天機 太陰 左輔 壬寅	父母宮 天府 火星 癸丑	命宮 太陽 擎羊 右弼 壬子	兄弟宮 武曲 破軍 祿存 天空 地劫 辛亥

由以上的例子可以看出：唸書是可以幫人『反敗為勝』的！唸書也是人在走弱運時唯一的出路。養精蓄銳，蓄勢待發，好好儲藏能量，以備旺運時的衝力燃料。唸書更可以幫助你選擇你要的生活方式，也是唯一增加智慧，增加創造力，由窮變富的點金術。

如何選擇有效的讀書時間

所謂有效的讀書時間是每個人不相同的，一般來講，我們會選擇好的讀書時間多半是喜歡工作的時間。因為讀書也是一種工作。並且通常我們看小孩或一般學生會不會讀書、功課好不好，皆以其人之官祿宮為標準指標。因此，以工作來論斷讀書是鐵定的事實。

1 要選官星居旺的時間讀書

通常，太陽及天梁都為官星(代表官祿的星)，也是代表工作的星，讀書更要選命盤中的這兩個時間。其次要選文昌居旺的時間，文昌居陷時不想讀書。或文昌遇太多煞星時，也會不想讀書，這種不想讀書的時間就不要勉強，以防事倍功半而無效。一天中只要選兩個或一個會讀書有效的時間來確實的唸一下就比得過一天中整天抱著書會來得有用。

2 要選帶財祿的時間讀書

另外就要選天機、天梁、天同、太陰等帶化祿的時間，或有祿存的時間來讀書。因為讀書要對人有利才會有用。我們可以看到很多人學非所用。有些人東學西學而不成體統，這是因為格局無祿，故會白唸而無用。有時候『陽梁昌祿』格中祿少(財少)，也會形成學而無用的狀況。例如我的親戚是『紫微在辰』命盤格式的『陽梁昌祿』格，有天梁化祿居陷，帶財少，五十多歲唸了博士，但仍對自己的生活無益，也不能靠它來賺錢生財。這就是賺少而無用之故。

3 要選勤學的福星時間及多疑的時間讀書

再其次要選天相居旺、居得地的時間，與巨門居旺的時間來讀書。天相是勤學的福星，善於整理報告或筆記、文章內容，做事會有條理，在學習、讀書上，十分有助力。巨門星則特別聰明，會舉一反三，聯想力豐富，學習力也強，博學強記的本領強。況且，如果是『天機、巨門』同宮的形式，則代表有極高的智慧、智商，有高知識能力，及高學歷。現今很多在電子業、電腦業、晶圓廠的工程師都具有命盤中有機巨雙星的形式。並且巨門星常和太陽星在三合、對宮或同宮相遇。更代表了他的智慧與事業、工作及讀書是有關的。因此，巨門居旺的時間也會內心多疑；可用來多挖掘問題，多感受問題的嚴重性，亦可給唸書帶來新的啟發。

4 要選斤斤計較的時間來讀書

再其次，天府的時間也可用，天府的特性會一板一眼，喜歡錙銖計較，對唸書有利，並可小心翼翼不漏失，鉅細靡遺，還可斟酌其所讀之內容價值，及估計是否會被出題在試卷中。因此，這個時間也會很重要。但是這是以天府單星時為有用。天府**如果是『武曲、天府』，則會因貪財**，而覺得考試、讀書賺錢太慢了，而不想唸，想直接去做事賺錢。故武府的時間，會唸不成書。如果是『廉府』(廉貞、天府)，則易多交際、應酬，而讓你心太野，靜不下來唸書。如果是『紫微、天府』，你會保守的在家享福，想想唸書太辛苦了，還是改天在唸好了。**福氣太多、太享福的時間你也不會唸書。例如天同居廟在巳、亥宮的時間**，你會以睡覺或玩樂打發時間，怎麼也不想唸書。一唸書就覺得自己太可憐了，還是休息一下好了，一下子時間就過了，也浪費掉了。

5 要選羊、陀有競爭力的時間反而有利讀書

如果是擎羊或陀羅的時間，倒不一定會不好喲！擎羊、陀羅的時間常因為喜嫉妒、好爭鬥，反倒有時適合競爭，我們可看到很多擎羊、陀羅坐命的人善爭鬥就是這個原理了。

例如命盤中有擎羊在辰、戌、丑、未宮居廟的人，最好是獨坐，最有效！在這個間中，來發憤圖強最有效。但首先的前提是，他會對某人嫉妒，

或以某人為假想敵來想擊敗他、毀滅他。由嫉而生氣，再產生動力發奮發強而唸成。但其中有偏執狂的成份，要小心因一時氣糊塗了，而唸錯地方或課程科目，功敗垂成。氣是可以氣，最好生自己的氣，氣自己為何沒能力唸好書，豈不更好！

擎羊若與別的星一起同宮，都會忙著去刑剋別的星了，反而不太用力在自己身上發奮，十分可惜！

若擎羊居陷時，有時會因嫉妒發憤圖強而好唸書，有時則不然。擎羊如果和福星、財星同宮時，忙著刑財、刑福，則不會唸書。

如果擎羊陷落和巨門居旺同宮，例如在子、午宮，則會因嫉妒、生氣而發奮讀書。這是有不一樣的地方的。

陀羅居廟在辰、戌、丑、未宮時，為強悍、頑固、硬拼、顢頇自大，做事喜拖延。煩惱放在心中盤桓，像陀螺原地打轉，無法解脫。如果考武科、武術，或運動類、軍警特技類，此時間可用於練習動作，也能不斷練習而有經驗。如果用來唸書，考文科，則不容易弄懂書中含義，唸了也是白唸。要唸很多遍才會懂。

如果陀羅居廟和天府或天相單星同宮，多花一點時間仍可讀書，背得起來。如果和破軍、七殺同宮則不會唸了。

如果陀羅居陷在寅、申、巳、亥宮，你寧可做粗工多跑路，也不想唸書，坐在那裡坐不住。即使和天相、天府穩定的星也一樣坐不住唸書。

6 紫微的時間，大多不想唸書

大家都以為紫微的時間一定是最好的時間，總可以用來讀書了吧！

事實上，紫微是趨吉避凶，能修復，又能產生好運，能反敗為勝的時間，但在紫微的時間中，大多數人並不會讀書！因為有時忙著去修復前面的問題，有時忙著去享福或增加外緣機會。因此，常不會在這個時間中靜下來讀書。

實際上，紫、廉、武的時間忙者賺錢、迎好運。殺、破、狼的時間忙著各式各樣的事情的打拼，也都不會唸書。即使唸，也是隨便翻翻書，又去忙別的了。所以你在排讀書時間的時候，是不必將之排入的。

第二節　十二個命盤格式讀書的好時間

1『紫微在子』命盤格式的人，可選擇卯時『空宮運』，有陽梁相照的時間及酉時『陽梁運』來讀書會有效。

2『紫微在丑』命盤格式的人，可選擇卯時『天府運』、未時『天相運』、子時『天機運』來讀書，會有效。

3『紫微在寅』命盤格式的人，可選擇巳時『巨門運』、未時『天梁運』、亥時『太陽居陷運』來讀書較有效。

4『紫微在卯』命盤格式的人，可選擇巳時『天相運』、午時『天梁運』、子時『太陽運』、丑時『天府運』來讀書較有效。

5『紫微在辰』命盤格式的人，可選擇卯時『機巨運』、酉時『空宮機巨相照運』、丑時、未時皆可翻一下書，最重要的是卯時『機巨運』最有效。

6『紫微在巳』命盤格式的人，可選擇辰時『機梁運』、下午申時『空宮陽巨相照運』、亥時『天府運』也會十分有效。

7『紫微在午』命盤格式的人，可選擇卯時『陽梁運』、酉時『空宮運』，有陽梁相照的時間，讀書較有用。亥時『太陰運』也可試試看。

8 『紫微在未』命盤格式的人，可選擇辰時『太陽運』、午時『天機運』、酉時『天府運』、戌時『太陰運』、子時『巨門運』、丑時『天相運』來讀書，全都非常有效。此盤局是最多唸書好時間的。故能造就很多好人材。

9 『紫微在申』命盤格式的人，可選擇巳時『太陽運』、酉時『太陰運』、亥時『巨門運』、丑時『天梁運』來讀書，會事半功倍。

10 『紫微在酉』命盤格式的人，可選擇午時『太陽運』、未時『天府運』、亥時『天相運』、子時『天梁運』來唸書，非常有效。

11 『紫微在戌』命盤格式的人，可選擇卯時『空宮運』，有機巨相照的時間。未時『日月運』（太陽、太陰同宮）、

▼使你升官發財的『陽梁昌祿』格

酉時『機巨運』等較有效。

12『紫微在亥』命盤格式的人，可選擇巳時『天府運』、申時『陽巨運』、戌時『機梁運』讀書較佳。

第三節　流年、流月如何利用『陽梁昌祿』格

通常要知道：考試考不考得上？升不升得了官？有沒有貴人幫助提攜？事業運好不好？財運順不順？會不會賺大錢？

凡是你想知道的事情，只要算一下流年、流月，都可知道了！

但是『陽梁昌祿』格這些星曜所主宰的流年、流月中要如何利用才會更好，更使自己上層樓呢？這還需要好好琢磨一下！

太陽運

當人的流年或大運逢太陽運居旺時，是十分愛工作的，也喜歡讀書、求知識。尤其是當你的工作和知識有關時，更是如此。自然在太陽居旺運

中參加考試或升等，這是你該年或該大運所努力的目標。而且能心想事成的達成目標。（太陽居旺在辰宮、巳宮、午宮逢之，都有如此的好運。）

當卯年逢『太陽、天梁』在卯宮的流年時，須無擎羊同宮，則此年能出大名，考試能上榜，且有優異成績。在升職上，會有貴人幫忙提攜你，讓你升職。在這個大運或流年中，你會很發憤圖強的為自己的名聲打拼，也喜歡工作及唸書有幹勁。覺得人生非常有意義。但如果有擎羊同宮時，則該流年要小心傷災，以及不想參加考試，升官升不上去，唸書也懶洋洋，沒辦法打拼及發奮。讀書也唸不好。

當寅年逢『太陽、巨門』運在寅宮時，須無陀羅同宮，則此年愛工作，也愛爭執、競爭。是非很多，是吵吵鬧鬧的一年。在考試上也能考上，也可能有些小麻煩及曲折之事，但能順利解決，在升職上競爭很凶，但你今年口才好，敢說敢做，勇於爭取，因此能達成升職、加薪的願望。

當流年、大運逢太陽居陷時，其人雖然心態稍有些懶洋洋的，但仍會操勞的想工作，或讀書。只是總有些事情或問題會產生阻撓。但只要目標一致，要多加忍耐與堅持信念，也能考試考中，升等升得上，只是沒有你所想像的那麼高，或成績也平平的上榜而已。有時是敬陪末座的上榜。尤其是**在丑宮的『太陽居陷、太陰居廟』的運程**，因三合宮位的天梁為居陷的，因此，此流年運中，你出名的機會很小，你也不想出名。**在考試方面**，能上榜，成績在末尾。**在升官方面**，也能升官，上升幅度小。也可能會用加薪代替升官，或是升職的地位極小或無，但有加薪的實質利益。如果是**在未宮的『太陽居得地之位、太陰居平』的運程**，也因三合宮位的天梁居陷，此流年運中，出名的機會少，但工作較多、較辛勞，但財利少。在考試方面，能通過，但不一定會任用。考試能上榜、能入學。成績平平。在升官、升職方面，能升官、升職，但無錢財利益，會只有虛名，而無加新的實質利益。

如果是酉年走酉宮的『太陽、天梁運』時，因太陽居平，天梁居得地之位，仍是須無擎羊，**能參加考試**，須有貴人介紹幫忙，才容易上榜考中，若靠自己的力量，恐自己成為遺珠之恨。這是因為太陽居平，為日落西山之故。**在升職方面**，也是需貴人從旁協助才有機會升職加薪。**在出名方面**，會出名不顯，或會出與正職無關的名。

如果是申年逢申宮的『太陽、巨門』運時，因太陽在得地之位，巨門居廟，因此，此年會是非口舌特多，也想有一翻作為，但總被是非纏繞。今年你也口才好，喜歡回嘴與反駁，不容易忍耐。因此會招來更多好的是非糾紛。在考試方面，你容易出錯而想掰回來，但別人未必接受你的說法，因此上榜及錄取不高。如果真的是文昌在申宮或辰宮居旺時，格局完好，則能考上。**在升職上**，競爭對手強又多，不容易升職。即使突破萬難升了職，也會無實利可言，不會加薪。**在出名方面**，好名聲得不到，壞名聲或受拖累的名聲則有之。

天梁運

當人之流年或大運逢到『天梁運』居旺、居廟，是十分有智謀、重名聲，也喜歡讀書及多增加知識的。而且貴人特多，會來教你增高人生層次的方法，也會提攜及推薦你升職或入學，成為你人生關鍵點的好機會。因此，此年，你會名聲響亮、好讀書及參加考試，運氣大好，能考上心目中喜歡的學校或職位。在升職上，也如你所願，職等會上升、財官並美。薪資也上漲。這是天梁在子、午宮、丑、未宮，於子、午年，丑、未年會碰到的事。

如果流年或大運逢『天機、天梁』運時，則無論在辰宮或戌宮，皆是天機居平、天梁居廟。這表示聰明度不高，但喜歡出主意、話多，如果有錯，則不敢負責任。**在貴人運方面**，你會遇到全出一張嘴的貴人，他對你的幫助只用嘴巴說說而已，並不對你有實質利益。因此他說的方法常不可行，或根本沒用。這完全是因為『機梁』不主財之故，只主有小聰明。如果你需要幫助的只是一個觀念問題，或思想、想法，則貴人對你有用。你和他談過，貴人會提供你，但如果涉及錢財利益，則貴人無力。

此運在考試方面，成敗不一，有時能考得上，有時考不上，要能形成折射的『陽梁昌祿』格時，則能考上。無貴格時，則可能考不上。**此運在升官、升職方面**，也可能能升職，但加薪少或無加薪。況且，新職位、新職務也可能不適合你。**此運在出名方面**，會出些無財利、無傷大雅之名。例如帶小孩或小狗、小貓出去，被人稱讚之類的。

當人流年、大運逢到寅宮的『天同、天梁』運時，因天同居平、天梁居廟，其人該運程會忙著一些休閒、好玩的事，例如旅遊或玩運動之事，或吃穿玩樂之事，其人該年心情放鬆，並不很想參加考試或競爭，只想休息。**如果有文昌在格局內而形成完美的折射的『陽梁昌祿』格時**，你才會想讀一下書或想一下去參加考試。不過，文昌在寅宮同宮，或居於午、戌二宮皆居陷位時，你也不會想參加考試，也不喜歡多麻煩，此時你會利用貴人去關說，**升職方面也是**，你會利用貴人去關說你想要的職位。如果貴人是請到有利之士的話，你是有可能升職得到職位的。因為你人雖懶又愛玩，但貴人運、長輩運是不錯的。**在出名方面**，會出與玩耍、旅遊、吃食、休閒及和幼童相關的名氣。

當流年逢到申宮的『天同、天梁』運時，因天同居旺、天梁居陷，故你此年玩得厲害，根本不想參加考試或也不想出名及升職。你可能休假，休息一年，準備下一年再工作，或再讀書。但如果自己沒法改變，卻一定要去參加考試時，要是有折射的『陽梁昌祿』格的人，會考得上。沒有『陽梁昌祿』格的人則繼續玩，不會為考試煩憂。還有，此年若考試範圍是與休閒、玩樂有關的科目，你會考得好、考得上。如果想正經八百的想考聯考這種大型考試則不易考上。我的一位親戚的小孩，在此『同梁運』時，考上金門大學的休閒旅遊系，去唸得非常高興。考得很多張證照，真是如魚得水。當年根本不被看好考得上大學的他，如今算是學有專長了。因此此運也不錯呢！**但在升官、升職上**，因是天同居旺及天梁居陷的狀況下，因此，只有那些人家不要做的職位，或根本無競爭者的狀況下，你才會被升官或升職。**在出名方面**，你是根本不在乎出名的，你只喜歡舒服的享福和玩，因此也不會出名。

當人流年或大運逢到在酉宮的『太陽、天梁』運時，因太陽居平，天梁居得地之位，這表示工作運、讀書運不是很強。人會有怠惰現象，會提不起勁來工作或讀書。在想出名或想升職、想參加考試方面，想改變人生境遇方面都有力不從心之狀況。這全是因為太陽已日落西山，光芒不再現的原因。因此此年去參加考試，除非能形成『陽梁昌祿』格的人會考得上，能掛名而已，成績不會很好。其他如升職加薪則機會少。**在貴人運方面**，也會遇到懶洋洋的貴人愛幫不幫的，讓你頭痛。

文昌運

在大運或流年逢文昌運，要居旺、居廟財較為有用。但文昌為時系星，其力量不算強，可使人一時的幹練發奮，但時間不長久。其效力以在時辰逢之(指流時)最強。流日逢之次強。流月逢之，更次。**流年逢之**，在『陽梁昌祿』格之格局上就較強，如不是在格局上，單獨主運則不強。**大運逢之**，也是在貴格上則強，不在貴格上則弱。

文昌還極容易和別的星曜組合同宮，則文昌為輔助之星，在流年看法上，則以命盤格式之主星為主，再附加文昌星的特質解釋之。就算文昌獨坐，以文昌星來代表流年、流月，但須再加上對宮相照之星的影響一併解釋之，這才是準確的流年、流月。

例如：文昌居辰宮，有『機梁』相照，辰年之流年與文昌居戌宮，有『機梁』相照之戌年之流年，兩者有很大的不同。

辰年、辰宮之文昌居旺，對宮有『機梁』相照時，其流年為此年精明幹練、外表斯文、運氣好、計算利益的能力好，有『陽梁昌祿』格，考試能考上，會讀書、有高分，也會有名聲，雖財利不多，但因計算、理財得當，而平順、受人肯定。且有貴人暗助，有出名之日。在升官運、升職運上，也會因文質氣息受人尊敬、肯定而得到好職位。

戌年戌宮有文昌居陷，對宮有『機梁』相照時，其流年狀況為不精明、粗俗、計算能力差，因此多損失及毀壞之物。雖也有『陽梁昌祿』格、有考試運，但只適合武職(軍警業)，以及運動類、休閒類之考試。文職則不易考上，或成績低。貴人幫不上忙，或帶粗糙、粗魯的忙。升職會因其人本身的疏失而失去機會。也無法出名。

祿星運

祿星運分『化祿運』及『祿存運』。

祿存運

大運、流年、流月、流日逢祿存運時，其人都會性格保守、小氣、會守成，並不想有大發展，只想守住現況就好了。也很害怕別人來騷擾或破壞。因此祿存運時，其人都並不想和人多來往，也不想多做改變，其人不一定會去參加考試的。通常其人不會想考試。其實『祿存運』是有點懶惰及畏縮的。但如果在『陽梁昌祿』格中有祿存時，也是能參加考試，能考上，但成績不會太好，『祿存運』會膽小，不想引起別人注意，行事低調，害怕受欺負，怕吃虧，小氣，吝嗇。因此此運中也有人會捨不得花報名費而不參加考試的。自然因害怕別人的注意，故不想出名。升職、升官也不一定升得上去。因為害怕改變環境，故會放棄升職、升官。其人會希望能改成加薪或以現金獎勵為佳。因為『祿存運』就是愛錢之故。

化祿運

大運、流年、流月逢化祿運時，大致都是好運。至於真正帶財祿多少，則不一定啦！在這裡只談和『陽梁昌祿』格有關的化祿運。例如太陽化祿運、天梁化祿運。

太陽化祿運

當流年逢太陽化祿運居旺時，表示該年會以工作或讀書而得利益或財利。自然工作有力、讀書成績好。考試一定考得上。工作順利，能得到大財祿，也能出大名而得利。而且事業會往上衝，前途大好。更能在男性工作環境，或與政府官員的交涉中都有極融洽又得利的成果。

太陽化祿居旺、居廟，適合考公務員，會成功，也能得高職位。

太陽化祿居陷、居平時，也能和男性或公務員交涉融洽，但需和性格悶悶的人或內向，不多話的男性交涉較佳。如果是性格強勢的男性則不佳。

太陽化祿居陷，也能考試考得上，但會分數低或為後補人員。在升職方面，則不一定能升職，或暗中升職、不明發。或是只加薪、職務加多，職位未升。此運不宜出名，否則也無財祿，或易受打壓、排擠。

如果是『太陽化祿、太陰化忌』在丑宮的丑年的流年，則因太陽化祿居陷、太陰化忌居廟，此形式中本來太陰的財較多，但遇化忌，而且此形式是『祿忌相逢』，則無祿矣！祿就少了，有時看不出有祿了。如果此形式也在『陽梁昌祿』格中，貴格還是會形成，只是帶化忌，多受阻撓，有刑傷而已。遇此運時，該人可能不會參加考試，或並不準備升職、升等，在錢財上也會有些煩惱。也沒想過出名了。而工作會繼續做，但薪水並不多，或無法按時領到。

天梁化祿運

當流年逢天梁化祿運居廟、居旺時，表示該年會名氣大旺，好運連連，而且工作上之旺運特強。又喜歡幫助別人，更會靠人氣的連結，相互拉抬，人氣更旺。不過，**此運有個自私的問題**。你必會在與人連結之時，先考慮對方有那些條件對你本身有利？在考慮對自己的利益多寡成分之後才會與對方連結人氣旺運，相互拉抬。這就是天梁化祿常帶有的包袱與自私性格。必會以對方是否為自己的這一派別或小圈圈，才會將之納入為自己人。

此運尚有升官、升職運，貴人會幫你介紹一個好職位，是財祿薪水皆不少的職位，讓你舒舒服服的享受好運。關鍵是你必須先找好職位高、權力大的貴人投誠、投靠才行。但此運都找得到。此運桃花運很多，要小心桃花敗事而失去考試或升官機會。

當天梁化祿居陷時，常在本宮或對宮有祿存同宮或相照。天梁化祿居陷，則貴人少，又包袱多又沉重，麻煩很多。貴人常給你一丁點好處，但要求十倍以上的利益，要你歸還。貴人還常保守，幫不上忙，或不出手幫忙。而且，你常不想讓別人管你的事，不想讓別人幫忙。在考試運上，如果有『陽梁昌祿』格的人，則仍能考得上。無貴格的人，易考不上。你也容易對工作愛管不管的，令上司頭痛。逢此運時，你不想出名，懶得考試，也覺得升職未必對你有利。

如何創造事業運

法雲居士⊙著

人生中有千百條的道路，但只有一條，是最最適合您的，也無風浪，也無坎坷，可以順暢行走的道路，那就是事業運！

有些人一開始就找對了門徑，因此很早、很年輕的便達到了目的地，成為事業成功的菁英份子。有些人卻一直在茫然中摸索，進進退退，虛度了光陰。

屬於每個人的人生道路不一樣，屬於每個人的事業運也不一樣！要如何判斷自己是否走對了路？

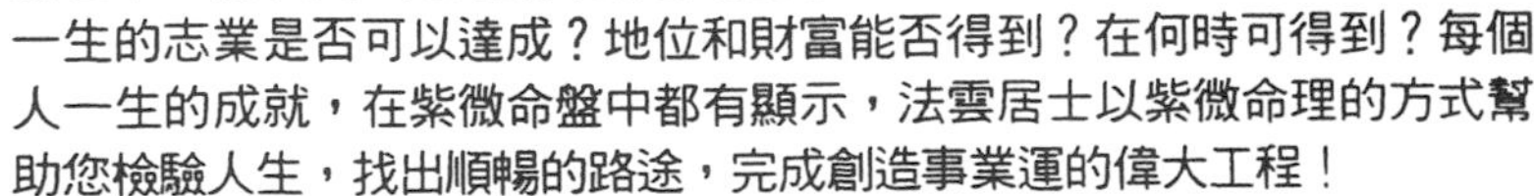

一生的志業是否可以達成？地位和財富能否得到？在何時可得到？每個人一生的成就，在紫微命盤中都有顯示，法雲居士以紫微命理的方式幫助您檢驗人生，找出順暢的路途，完成創造事業運的偉大工程！

第八章 『陽梁昌祿』格為破格或不成格局怎麼辦

前面雖舉出很多『陽梁昌祿』格的例子，好像貴格成局很容易，但實際上並不容易，而且不是我們自己能做主，把時間生得好的。自然命格上有貴格，也是上天賦與該人有特殊主貴任務，希望他們可做一翻大事業出來，對百姓或時代有利。但如果我們的貴格只差一點就能成局，或是有羊、陀、火、鈴、劫空形成對貴格之刑剋傷害時，我們要如何來修補或反正其格局，使自己的人生扳回到主貴的道路上來呢？這當然也是有方法的啦！只看你做是不做而已了！

現在就來先討論破格問題，最後再討論不成格的問題。

第一節 『陽梁昌祿』格為破格時

『陽梁昌祿』格為破格時，有幾個現象。首先就是有羊、陀、火、鈴、劫空等星刑剋破壞，造成破格。其次是有化忌的影響而造成破格。

當人的貴格——『陽梁昌祿』格逢到破格時，通常會有在人生中唸書學習的路途上並不順暢的狀況。有些人是根本不想唸書，沒有高學歷。有些人是繞道而行，繞了一大圈路，才又走上以讀書為主要路途之路。有些是做事東做做、西做做，到年紀一大把了才又回去讀書，拿高學歷。但是絕大多數的人是放棄讀書這條路子了。是故，會在人海茫茫中，在大千世界裡漂浮不定，也不知自己要如何努力拼命才能有出息、有出頭天。

很多來算命的人，來問自己的前途、來問自己的人生方向，以及何時才能改運？這些人多半是沒有『陽梁昌祿』格及『陽梁昌祿』格為破格的人，因此他們不相信學習能為他們帶來好運，故而也一直想翻身而無力。在工作上也是起起伏伏，有一檔沒一檔的在做。常常也有人根本搞不清楚自己能做些什麼？渾渾噩噩的過日子。

很多人來算命，來請教指點迷津時，已在衰運的尾聲了。因為如果衰運還繼續猖狂，其人會頭腦不清楚，也想不到來請人幫忙指點，及也想不到、找不到可諮詢的人，會繼續沉溺在衰運之中。當人願意請人幫忙想想自己的出路時，其人其實已站上不敗之地，反敗為勝了。自然命理師要幫他的是：找到命格上的特點潛質，使其發揮，再發揚光大，自然能找到財富及有價值的人生。又常常是在幫忙找命格潛質、幫忙補運時，又會特別會用到幫忙修補『陽梁昌祿』格之破格的方法及做為該人反敗為勝的基礎。繼而改變其人生的變化。

所謂『改運』、『補運』其實都是在改想法，當人的想法改變時，腦子動了，會帶動身體動的方向，繼而會營造一個新的環境。當個環境是好的，那該人所遇到的機會、時間點都會好，如此就改運、補運了。有的人不大用大腦，或隨便想一下，說是思想已改了，其實還是在狹隘的範圍內繞圈圈，自然改運、補運不成功囉！這時候多請教別人也是好的，可以改善自己不被狹隘所困，能利用自己的優點而塑造新的環境和創造新企機。

當『陽梁昌祿』格中有擎羊時

當『陽梁昌祿』格中有擎羊時，要看擎羊在那一宮？跟何星同宮，而且要看擎羊是廟、是陷，才能定其在刑剋什麼，以及刑剋有多重？

例如：在『陽梁昌祿』格的主星太陽和擎羊同宮時，刑剋的是工作、讀書運及和男人的競爭力，以及明亮的前途，自然工作會做不久，想做公務員會做不成。事業的成就也不會很高。**如果『陽梁昌祿』格中是天梁和擎羊同宮**，則刑剋的是貴人運、名聲、讀書運，以及和人能融合成小圈圈的親和力及被信任度。因此，也自然不容易出名，不想多讀書學習，也無人提攜及得不到推薦。再則在同儕中得不到同儕的信任及拉攏，無法和同儕融洽相處。

當擎羊和『太陽、天梁化權』一起同宮時，這是『紫微在子』命盤格式的人會遇到的。因為太陽、天梁都被刑剋了，自然工作及貴人都同時被刑剋，故而會人緣不好，工作無力，常遭長輩、老闆、老師罵，學習能力不佳。一生打混過日子，根本什麼也懶得想了。不過他自己還頑固的自以為是的覺得自己不錯，並嚮往過閒雲野鶴的日子。

如果是甲年生人，命盤又為『紫微在午』命盤格式的話，就會有『太陽化忌、天梁、擎羊』在命盤上，也容易什麼事也做不成。因為擎羊加化忌，只多了傷災、是非、糾紛、糊塗、智力及能力都不會太好了。即便能形成『陽梁昌祿』格，也會人生多起伏，多病苦吧！

當『陽梁昌祿』格有火星、鈴星時

當『陽梁昌祿』格有火星、鈴星在其中時，表面看問題一點也不嚴重，有時好像急躁一點反而幫忙其人有振奮精神的力量。其實也不然，因為火、鈴完全是煞星。太陽、天梁都是強勢的官星，也是怕煞星來搗亂、壞事的，其次是文昌和祿星也怕受到火、鈴的刑剋，因此常會因急躁、亂搞一通而失去好運，這就得不償失了。所以在『陽梁昌祿』格中還是不歡迎火星、鈴星的。

有的人認為『陽梁昌祿』格是八字木火旺之產物，才會有文名、文采，所以有火星、鈴星在『陽梁昌祿』格中是有利無害的，但基於火、鈴會剋財星與文星，我還是不覺得此火、鈴二星會不刑剋別的星。除非，火、鈴在格局一角，但為空宮獨坐，亦要居旺，例如在酉宮獨坐居旺，他會加快『陽梁昌祿』格主貴的步伐。若與貴格主星同宮，則一定會有刑剋。

當『陽梁昌祿』格中有天空、地劫時

當『陽梁昌祿』格中有天空、地劫和主星同宮時，如果只有一個天空和太陽同宮，或只有一個地劫和天梁同宮，如此的現象還不會影響『陽梁昌祿』格的正規行動。如果空、劫同宮在巳宮，或亥宮，與天梁同宮或與太陽同宮時，則此破格就破得厲害了。而且其人常無感覺有『陽梁昌祿』格了。自然，**在其人逢到這個『劫空帶太陽』或『劫空帶天梁』的流運時**，也不會去參加考試，也不會去參加升官、升職的競技。也不會想到出名的事。更不會和男性的長輩或貴人親近，所以周圍會安靜沒動靜，好運、好事都不會發生。

當『陽梁昌祿』格中有化忌星時

當『陽梁昌祿』格中有化忌星時，要看是不是主星帶化忌，例如有太陽化忌(甲年生人)、文昌化忌(辛年生人)。有的人的格局中會有天梁和文曲化忌(己年生人)同宮。其中以具有太陽化忌的時候最凶，其次是文昌化忌，再其次是文曲化忌。

當有化忌在格局中，都表示要成名、出大名不容易了，尤其在人的命、財、官等宮出現，如果是在『陽梁昌祿』格出現，要看此格局架構是否是你的命格的閒宮。是閒宮的話傷害還不大。倘若此受傷的『陽梁昌祿』格又為命、財、官等主要宮位，又帶化忌，則一生無望啦！

例如蔣宋美齡女士的『陽梁昌祿』格之『太陽化忌』在父母宮，她遠離家鄉到美國讀書，只有流年逢之不吉而已，因為父母宮在其命格上是閒宮之故。又例如鄧小平先生之『陽梁昌祿』格中之『太陽化忌、文昌』也在父母宮，也是遠離家鄉，一生多波折，但無損其主貴的地位。

第二節　『陽梁昌祿』格不成格局時補救辦法

不成貴格的『陽梁』命運

朋友的公司裡有一位職員運氣衰到不行，平常工作懶洋洋，提不起勁來，常迷迷糊糊做錯事。去收款，數目經常弄錯，還常嚷著身體這裡痛，那裡痛的，叫他去看病，他又拖拖拉拉不肯去。這位老闆實在很想請他走路了，但是又想到他家裡真的有妻小、母親要養，真的也蠻可憐的，可是這人就是無法賣力，又常請假，身體不舒服也不看病，也不想解決似的。有一天，此人騎機車突然出了大車禍，肩膀、手臂都撞斷了，聽醫生說，此人很可能一生也無法拿稍重的物品。

朋友感嘆說：『這一下可好好休息了！』朋友來請我幫這位職員看看命盤，看他到底是什麼問題才會這麼衰運的？

看到這職員的命盤時，果真一目瞭然其人的問題在那裡了。**這位職員是甲年生的人，命宮是空宮在酉宮**，對宮有『太陽化忌、天梁、擎羊、火星』相照，財帛宮是『天機居平、地劫、天空』，有文昌和七殺同宮在疾厄宮，本命是無法形成『陽梁昌祿』格的。因為遷移宮中有『太陽化忌、天梁、擎羊、火星』的影響，其人在職場上，根本沒競爭力，也不想做事，也沒有學習能力，又常煩惱、易怒、火爆、待人接物都不行，但他也會有些小陰小詐的想法來偷懶。其財帛宮很差了，有天空、地劫與天機居平同宮，手上常沒錢，其實他的賺錢能力非常差，身為長子，但一家老小的生活重擔還寄託在他的身上，所以他常身體軟趴趴，根本沒辦法挺起、扛起這養家的責任。

這位職員告訴我說：他也很想讀高學歷，很想考公務員，有穩定的工作，要我幫他看看可不可能？

這位職員唸高職都唸了很多年沒畢業，可見他根本不愛唸書，但為何會說出這樣的話來呢？我想是因為命宮三合方位，財帛宮有天空、地劫的關係，讓這人思想不實在，有時想過過別人的日子看看。最後我勸他好好養傷，傷好了再說！不用給自己太大壓力，平常喜歡看書時就看自己喜歡的書就好了。家中的事可和家人商量解決。我還建議其母親和他的弟弟同住，再勸其妻子去找份工作，一起分擔家計。其妻果然在他住院期間已去找了份臨時的工作，如此這個家庭才不至於真的陷入絕境！

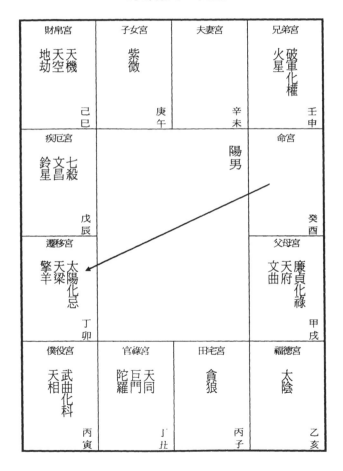

某職員 命盤

財帛宮 天機 天空 地劫 己巳	子女宮 紫微 庚午	夫妻宮 辛未	兄弟宮 破軍化權 火星 壬申
疾厄宮 七殺 文昌 鈴星 戊辰		陽男	命宮 癸酉
遷移宮 太陽化忌 天梁 擎羊 丁卯			父母宮 廉貞化祿 天府 文曲 甲戌
僕役宮 武曲化科 天相 丙寅	官祿宮 天同 巨門 陀羅 丁丑	田宅宮 貪狼 丙子	福德宮 太陰 乙亥

『陽梁昌祿』格不成格局時的補救辦法

當『陽梁昌祿』格不成格局時，其實你只要抓住太陽居旺、天梁居旺，或是文昌居旺的時間，積極讀書，也能得到你想要的升官，發財的美事。

如果是命格中為太陽居陷、天梁居陷，你就要有耐心來讀書。也要用心選擇科目來唸。**如果你的文昌還居旺**，表示你的計算能力還不錯，你可細心用計算能力來取勝，做會計或理財項目的學習，未來也能當個理財家。**如果連文昌也陷落了**，你可能只會做些小買賣，或是做運動員，不用太用大腦的工作，會對你以利。在錢財上起起落落時，也只能逆來順受了。

其實陷落的文昌(在寅、午、戌宮)，也代表一種刑剋，會使其人的外表粗俗、土氣、較醜像鄉下人。做事也會不精明。有時也會少賺錢或耗財多。但是這對軍警業、球員、運動員或做與體力有關的行業來說，因為體力已消耗掉了，錢財的消耗，大起大落的人生，也不算什麼，因此在這些職業中的人，是無懼於文昌陷落的。

▽使你升官發財的『陽梁昌祿』格

如果命格中沒有『陽梁昌祿』格，表示你人生主貴的成份會低一些，那你就積極往賺錢方面邁進吧！再如果你的命格中有『陽梁昌』而沒有祿星(化祿或祿存)，那表示你的學歷對你無用。那你就白手起家以雙手代替腦子努力工作，多做幾樣不同的工作，來找尋你人生的企機吧！因為這世界上真正只有『心窮』的人，而沒有『命窮』的人！『命窮』的話就早都不存在在這世界上了。所以，你雖然沒有形成『陽梁昌祿』格，仍可能胼手胝足的努力打拼，成為另一位王永慶的。

紫微姓名學

法雲居士⊙著

中國的姓名學是淵遠流長，具有文字美的產物。
姓名代表了人的階級、地位、財富、知識水準、
一生的福祿、身體的狀況、才華狀況等。

因此一個人的姓名，實在是透露了其人本身的身家資料以及向外界傳達的訊息。

好的姓名會財官並美、福壽安康的機會比別人強，不是沒有道理的。

法雲居士將命理師專業使用的取名法，公開給大眾。『紫微姓名學』會讓你重新認識自己姓名的吉凶，也幫助你改善自己的財祿人生。

紫微面相學

法雲居士⊙著

『面相』是一體兩面的事情，我們可以從一個人的外表來探測其內心世界，也可從一個人所發生的某些事情來得知此人的命運歷程。『紫微面相學』更是面相中的翹楚，在紫微命理裡，命宮主星便顯露了人一切的外在面貌、精神與內在的善惡、急躁、溫和。『紫微面相學』能從見面的第一印象中，立刻探知其人的內在性格、貪念，與心中最在意的事，與其人的價值觀，並且可以讓您掌握到此人的所有身家資料。『紫微面相學』是一本教您從人的面貌上，就能掌握對方性格、喜好，並預知其前途命運的一本書。

對你有影響的

法雲居士⊙著

在每一人的生命歷程中，都會有能掌握一些事情的力量，對某些事情能圓融處理的力量。又有某些事情是使你頭痛，或阻礙你、磕絆你的痛腳。這些問題全來自出生年份所形成的化權、化祿、化科、化忌的四化的影響。『權、祿、科』是對人有利的，能促進人生進步、和諧、是能創造富貴的格局。『權、祿、科』的配置好壞就是能決定人生加分、減分的重要關鍵所在。

星曜特質系列包括：『羊陀火鈴』、『十干化忌』、『殺、破、狼』上下冊、『權、祿、科』、『天空地劫』、『昌曲左右』、『紫、廉、武』、『府相同梁』上下冊、『日月機巨』、『身宮和命主、身主』。

此套書是法雲居士對學習紫微斗數者常忽略或弄不清星曜特質，常對自己的命格有過高的期望或過於看輕的解釋，這兩種現象都是不好的算命方式。因此以這套書來提供大家參考與印證。

對你有影響的

法雲居士⊙著

在每個人的命盤中，都有紫微、廉貞、武曲三顆星，同時這三顆星也具有堅強的鐵三角關係，會在三合宮位中三合鼎立著，相互拉扯，關係緊密、共同組織、架構了你的命運。這也同時，紫微、廉貞兩顆官星和武曲一顆財星，也共同主宰了你的命運！當命盤中的紫、廉、武有兩顆以上居旺時，你的人生就會富足的多，也事業順利、有成就。如果有兩顆以上都居平、陷之位時，則你人生中的過程多艱辛、窮困、不太富裕。要看命好不好？就先從你命盤中的這三顆星來分析吧！

這部套書是法雲居士對於學習紫微斗數者常忽略或弄不清星曜特質，常對自己的命格不是有過高的期望，就是有過於看低自己命格的解釋，這兩種現象都是不好的算命方式。因此，以這套書來提供大家參考與印證。

如何尋找磁場相合的人

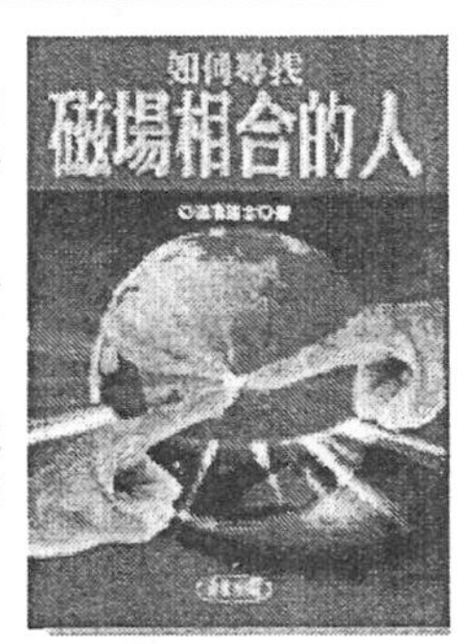

每個人一出世，便擁有了自己的磁場。

好的磁場就是孕育成功人士、領導人、有能力的人，以及能造福人群的人的孕育搖籃；同時也是享福、享富貴的天然樂園。

壞的磁場就是多遇傷災、破耗、人生困境、貧窮、死亡，以及災難無法躲過的磁場環境。

人為什麼有災難、不順利、貧窮、或遭遇惡徒侵害導致不能善終的死亡？這完全都是磁場的問題。

法雲居士用紫微命理的方式，讓您認清自己周圍的磁場環境，也幫您找到能協助您、輔助您脫離困境、以及通往成功之路的磁場相合之人。讓您建立一個能享受福財與安樂的快樂天堂。

用顏色改變運氣

法雲居士⊙著

顏色中含有運氣，運氣中也帶有顏色！

中國有一套富有哲理系統的用色方法和色彩學。更可以利用顏色來改變磁場的能量，使之變化來達成改變運氣的方法。這套方法就是五行之色的運用法。

現今我們對這一套學問感到高深莫測，但實則已存在我們人類四周有數千年歷史了。

法雲居士以歷來論命的經驗和實例，為你介紹用顏色改變運氣的方法和效率，讓你輕輕鬆鬆的為自己增加運氣和改運。

對你有影響的

日月機巨

上、中、下冊

法雲居士⊙著

在每個人的命盤中都有太陽、太陰、天機、巨門四顆星，這四顆星在人命格中具有和前程、智慧、靈敏度、計謀、競爭、感情，以及應得的故定財祿有關的主導關係。

其實你也會發現這四顆星，不但一起主宰了你的情緒智商，同時也共同主宰了你的前途命運及一生富貴。

中冊講的是太陰星在人生命中之重要性。太陰代表人的質量，代表人本命的財，也代表人命中身宮裡靈魂深處的東西。

太陰更代表你和女人相處的關係，以及你一輩子可享受的錢財，因此對人很重要！太陰又代表月亮，因此月球對地球的關係也對地球上的每個人有極大的影響力。

下冊講的是天機星和巨門星在人的生命中之重要性。

天機代表智慧、聰明和活動的動感，以及運氣升降的方式和速度。

巨門代表人體上出入口之慾望，也代表口舌是非，巨門是隔角煞，是人生轉彎處會絆礙你的尖銳拐角。天機與巨門主宰人命運的成功與奮發力，對每個人也有極大的影響力！

星曜特質系列包括：『殺、破、狼』上下冊、『羊陀火鈴』、『十干化忌』、『權、祿、科』、『天空地劫』、『昌曲左右』、『紫、廉、武』、『府相同梁』上下冊、『日月機巨』、『身宮和命主、身主』。

此套書是法雲居士對學習紫微斗數者常忽略或弄不清星曜特質，常對自己的命格有過高的期望或過於看輕的解釋，這兩種現象都是不好的算命方式。因此以這套書來提供大家參考與印證。

上、下冊

法雲居士⊙著

全世界的人在年暮歲末的時候，都有一個願望。都希望有一個水晶球，好看到未來一年中跟自己有關的運氣。是好運？還是壞運？

這本『如何推算大運、流年、流月』下冊書中，法雲居士利用紫微科學命理教您自己來推算大運、流年、流月，並且將精準度推向流時、流分，讓您把握每一個時間點的小細節，來掌握成功的命運。

古時候的人把每一個時辰分為上四刻與下四刻，現今科學進步，時間更形精密，法雲居士教您用新的科學命理方法，把握每一分每一秒。在每一個時間關鍵點上，您都會看到您自己的運氣在展現成功脈動的生命。

法雲居士利用紫微科學命理教你自己學會推算大運、流年、流月，並且包括流日、流時等每一個時間點的細節，讓你擁有自己的水晶球，來洞悉、觀看自己的未來。從精準的預測，繼而掌握每一個時間關鍵點。

簡易大六壬神課詳析

法雲居士 ◎ 著

『六壬學』之占斷法是歷史上最古老的占卜法。其年代可上推至春秋時代。『六壬』與『易』有相似之處，都是以陰陽消長來明存亡之道的卜術。學會了之後很容易讓人著迷。它也是把四柱推命再繼續用五行生剋及陰陽等方式再變化課斷，以所乘之神及所臨之地，而定吉凶。

新的二十一世紀災難連連，天災人禍不斷，卜筮之道中以『六壬』最靈驗，但大多喜學命卜者害怕其手續煩雜，不好入門，特此出版此本簡易篇以解好學者疑義。並能使之上手，能對吉凶之神機有倏然所悟！

紫微命理子女教育篇

法雲居士 ◎ 著

《紫微命理子女教育篇》是根據命理的結構來探討小孩接受教化輔導的接受度，以及從命理觀點來談父母與子女間的親子關係的親密度。

通常，和父母長輩關係親密的人，是較能接受教育成功的有爲之士。每個人的性格會影響其命運，因材施教，也是該人命運的走向，故而子女教育篇實是由子女的命格已先預測了子女將來的成就了。

VENUS PUBLISHING CO.
金星出版
命理生活新智慧・叢書